韓·日·言·語·研·究·院

일본어
악센트
기초단어

발음과
청취가
잡히는!

제일어학

초판 1쇄	인쇄	**2009년 4월 10일**
초판 1쇄	발행	**2009년 4월 15일**

지은이 | **韓日言語硏究院**
펴낸이 | **이순희**
펴낸곳 | **제일법규(제일어학)**
www.jeilbnl.com
주소　 | **서울시 서초구 서초동 1512-5호**
전화　 | **02-523-1657, 597-1088**
팩스　 | **02-597-6464**
대체　 | **국민 084-25-0012-739**
출판등록 | **1993년 4월 1일 제 21-429호**
잘못 만들어진 책은 바꿔 드립니다
ISBN 978-89-5621-066-7　　13730

※ MP3무료다운로드는 www.1579.co.kr

일러두기

❶ ひらがな순 악센트 표기 ❷ 일본어 악센트 고저(高低) 표기
❸ 일본어 원음에 가까운 한글 표기 ❹ 품사별 악센트 수록

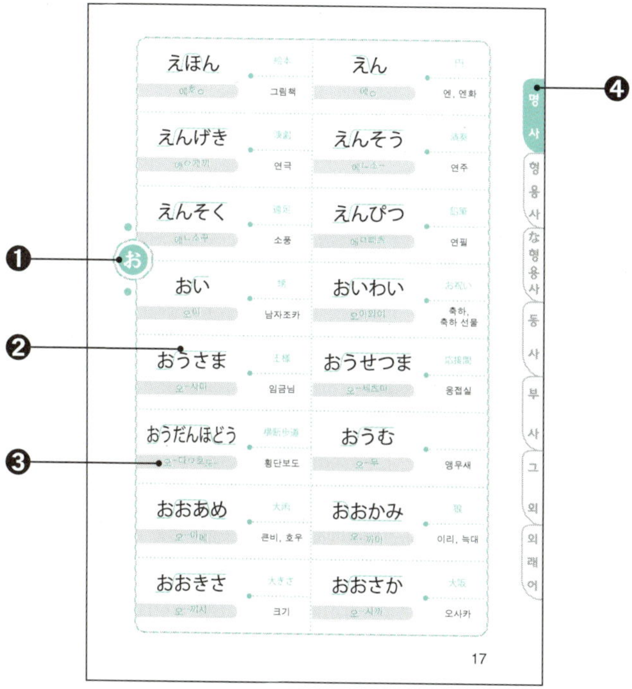

えほん 繪本 에홍 그림책	えん 円 엥 엔, 영화
えんげき 演劇 엥게끼 연극	えんそう 演奏 엔소— 연주
えんそく 遠足 엔소꾸 소풍	えんぴつ 鉛筆 엠삐쯔 연필
お	
おい 甥 오이 남자조카	おいわい お祝い 오이와이 축하, 축하 선물
おうさま 王様 오—사마 임금님	おうせつま 応接間 오—세쯔마 응접실
おうだんほどう 横斷步道 오—당호도— 횡단보도	おうむ 鸚鵡 오—무 앵무새
おおあめ 大雨 오—아메 큰비, 호우	おおかみ 狼 오—까미 이리, 늑대
おおきさ 大きさ 오—끼사 크기	おおさか 大阪 오—사까 오사카

명사 / 형용사 / な형용사 / 동사 / 부사 / 그 외 / 외래어

17

일본어 악센트
사회적 관습으로 단어마다 정해진 상대적인 음의 고저(高低).

東京式 악센트
반드시 첫째 박(拍)과 둘째 박(拍)의 고저(高低) 높이가 다르고, 음이 한 번 낮아진 후 절대로 다시 올라가는 일이 없다. 음 높이가 내려가지 않는 평판식(平板式)과 내려가는 기복식(起伏式)이 존재한다. 또한 기복식 중 첫째 박(拍)에서 높이가 내려가는 두고형(頭高型), 마지막 박(拍)에서 내려가는 미고형(尾高型), 중간이 높은 중고형(中高型)이 있다.

CD로 다양하게 학습한다

부록 CD에는 두 가지 기능이 있습니다

- 이 CD는 일반 오디오 CD 기능을 합니다 컴퓨터에선 일반 CD처럼 사용하면서 CD플레이어나 차량용 CD플레이어에서 원어민의 음성을 들으실 수 있습니다.

- 이 CD는 RTS CD 기능도 합니다. CD를 컴퓨터에 넣고 RTS홈페이지에서 로그인을 하면 멀티미디어 어학학습 기능의 팝업창이 뜹니다 이 팝업창을 통하여 다양한 양식의 학습기능을 체험할 수 있습니다

RTS CD의 기능은?

RTS는 Remote Text service의 약자로 온라인 멀티학습이 가능하도록 음성 데이터에 text를 실시간으로 제공하는 서비스입니다.

- 듣기와 읽기를 동시에 할 수 있습니다.
- 단어를 반복해서 들을 수 있습니다.
- 원하는 단어를 골라서 들을 수 있습니다.
- 원어와 한글, 원어만, 또는 자막 없이 원하는 대로 듣기 훈련과 받아쓰기 기능이 있어서 받아쓰기 연습도 할 수 있습니다.

RTS Player 학습기능은?

❶ 문자열 표시와 캡션 진행
- 오디오 CD의 Track 재생에 맞추어 서버에서 해당하는 문자열을 내려보냅니다.
- 문자열을 페이지 단위로 한 페이지에 10줄씩 표시합니다.
- 현재 진행 중인 문장을 다른 색으로 표시하는 캡션 진행을 실시합니다.

❷ Sub-Track Only
- Track에 같이 들어 있는 안내 멘트 등은 건너뛰어 Sub-Track만 재생해 주는 특수 기능으로 집중 학습에 대단히 유용한 기능이며 ON/OFF가 가능합니다.
- Sub-Track 오디오 CD는 Track 단위로 이루어져 있어서 외국어 교재의 부록 CD를 보면 한 Track 안에 여러 개의 Dialog Box, Situation 등이 함께 들어 있는데, 논리적으로 이들 소량의 듣기 단위들을 정확하게 구분해주는 것이 Sub-Track입니다.

※ MP3무료다운로드는 www.1579.co.kr

❸ Time Interval

문장 재생시 문장과 문장 사이에 원래 Track에는 없는 시간 간격을 삽입하는 기능으로 1초에서 10초까지 임의로 간격을 조절하여 재생합니다.

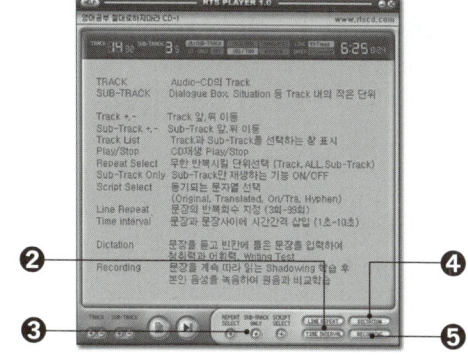

❹ Dictation

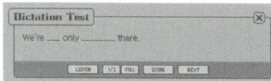

들려주는 문장을 듣고 빈칸에 단어를 입력하여 정답을 체크해 보며 청취력과 어휘력 등 종합적인 받아쓰기 학습을 할 수 있습니다.

❺ Recording

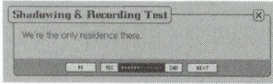

계속 따라 읽는 Shadowing 학습법으로 발음을 익힌 후 본인 음성을 녹음하여 원 음성과 비교 학습을 할 수 있습니다.

RTS Player 학습기능은?

- RTS홈페이지(www.rtscd.com)를 방문해 무료회원으로 가입하기
- 구입한 책의 부록 CD를 컴퓨터에 넣기
- 컴퓨터에서 자동으로 실행되는 미디어 플레이어를 반드시 종료하기
- RTS홈페이지에서 제일어학 도서명 검색하기
- 검색된 책의 RTS Play 마크를 클릭하여 RTS플레이어 실행하기

※ 제일어학 홈페이지(www.jeilbnl.com)나 RTS홈페이지(www.rtscd.com)를 방문하시면 RTS학습에 관한 자세한 정보를 얻으실 수 있습니다. 또한 위 그림들은 RTS 사용법 설명을 위한 견본으로 제작된 것입니다.

차 례

1_명사 악센트 기초단어 · · · · · · · · · · · · · 9

2_형용사 악센트 기초단어 · · · · · · · · 111

3_な형용사 악센트 기초단어 · · · · · · · 121

4_동사 악센트 기초단어 · · · · · · · · · · · · 131

5_부사 악센트 기초단어 · · · · · · · · · · · · 161

6_그 외 악센트 기초단어 · · · · · · · · · · · 171

7_외래어 악센트 기초단어 · · · · · · · · · 177

韓·日·言·語·硏·究·院

일본어 악센트 기초단어

발음과 청취가 잡히는!

제일어학

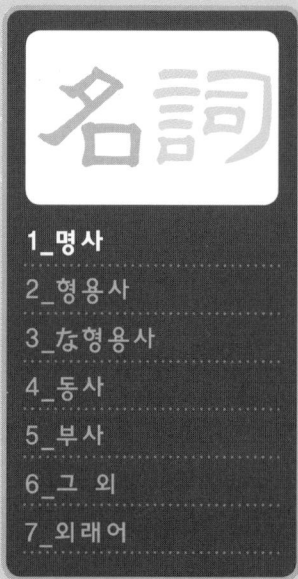

1_명사
2_형용사
3_な형용사
4_동사
5_부사
6_그 외
7_외래어

あい	愛	아이	사랑
あいさつ	挨拶	아이사츠	인사
あいじん	愛人	아이진	불륜상대
あいだ	間	아이다	사이
あいづち	相槌	아이즈치	맞장구
あいて	相手	아이떼	상대방
あお	青	아오	파랑, 파란색
あか	赤	아까	빨강, 빨간색
あかじ	赤字	아까지	적자
あかちゃん	赤ちゃん	아까쨩	갓난아기
あき	秋	아끼	가을
あくしゅ	握手	아ㄱ슈	악수
あくび		아꾸비	하품
あご	顎	아고	턱
あさ	朝	아사	아침
あさごはん	朝御飯	아사고항	아침밥

일본어	한자	발음	뜻
あさって	明後日	아사ㅅ떼	모레
あさねぼう	朝寝坊	아사네보-	늦잠, 늦잠꾸러기
あし	足	아시	발, 다리
あじ	味	아지	맛
あした	明日	아시따	내일
あずき	小豆	아즈끼	팥
あせ	汗	아세	땀
あそこ		아소꼬	저기, 저곳
あそび	遊び	아소비	놀이
あたし	私	아따시	나
あたり	辺り	아따리	부근, 근처
あちら		아치라	저쪽
あつさ	暑さ	아츠사	더위
あっち		아ㅅ치	저기, 저쪽
あつまり	集まり	아츠마리	모임
あと	後	아또	나중, 뒤

명사 / 형용사 / な형용사 / 동사 / 부사 / 그 외 외래어

일본어	한자	발음	뜻
あな	穴	아나	구멍
あなた		아나따	당신
あなたたち		아나따다치	당신들
あに	兄	아니	형, 오빠
あね	姉	아네	누나, 언니
あひる	家鴨	아히루	집오리
あぶら	油	아부라	기름
あめ	雨	아메	비
あり	蟻	아리	개미
あれ		아레	저것
あわ	泡	아와	거품, 기포
あんしん	安心	아ㄴ시ㅇ	안심
あんぜん	安全	아ㄴ제ㅇ	안전
あんない	案内	아ㄴ나이	안내

い

일본어	한자	발음	뜻
い	胃	이	위
いいわけ	言い訳	이-와께	변명, 핑계

일본어	한자	발음	뜻
いえ	家	이에	집
いか		이까	오징어
いがく	医学	이가꾸	의학
いき	息	이끼	숨, 호흡
いきもの	生き物	이끼모노	생물
いくつ	幾つ	이꾸츠	몇 개, 몇 살
いくら	幾ら	이꾸라	얼마
いけ	池	이께	연못
いけん	意見	이껭	의견
いこう	以降	이꼬-	이후
いざかや	居酒屋	이자까야	선술집, 주점
いし	石	이시	돌
いし	意思	이시	의사
いしき	意識	이시끼	의식
いしゃ	医者	이샤	의사
いじょう	以上	이죠-	이상

일본어	한자	발음	뜻
いす	椅子	이스	의자
いずみ	泉	이즈미	샘
いぜん	以前	이제ㅇ	이전
いた	板	이따	판자, 널빤지
いち	一	이치	1, 하나
いち	位置	이치	위치
いちがつ	一月	이치가츠	1월
いちご		이치고	딸기
いちにち	一日	이치니치	하루
いちねん	一年	이치네ㄴ	일년
いちば	市場	이치바	시장
いつか	五日	이츠까	5일
いっこだて	一戸建て	이ㄱ꼬다떼	단독주택
いっしゅうかん	一週間	이ㅅ슈-까ㅇ	일주일
いつつ	五つ	이츠츠	5개, 5살
いっぱく	一泊	이ㅂ빠꾸	일박

일본어	한자	발음	뜻
いと	糸	이또	실
いど	井戸	이도	우물
いどう	移動	이도-	이동
いとこ	従兄弟	이또꼬	사촌
いない	以内	이나이	이내
いなか	田舎	이나까	시골
いなづま	稲妻	이나즈마	번개
いぬ	犬	이누	개
いのち	命	이노치	생명, 목숨
いのり	祈り	이노리	기도, 기원
いま	今	이마	지금
いま	居間	이마	거실
いみ	意味	이미	의미
いもうと	妹	이모-또	여동생
いりぐち	入口	이리구치	입구
いろ	色	이로	색깔

う

いわ	岩	いわい	祝い
이와	바위	이와이	축하

うえ	上	うがい	
우에	위	우가이	양치, 양치질

うけつけ	受付	うさぎ	兎
우께츠께	접수, 접수처	우사기	토끼

うし	牛	うしろ	後ろ
우시	소	우시로	뒤

うせつ	右折	うそ	嘘
우세츠	우회전	우소	거짓말

うそつき	嘘つき	うた	歌
우소츠끼	거짓말쟁이	우따	노래

うち	家	うち	内
우치	집	우치	안, 속

うちゅう	宇宙	うつわ	器
우쮸-	우주	우쯔와	그릇

일본어	한자	발음	뜻
うで	腕	우데	팔
うでぐみ	腕組み	우데구미	팔짱
うでわ	腕輪	우데와	팔찌
うどん		우도○	우동
うなぎ	鰻	우나기	뱀장어
うま	馬	우마	말
うまれつき	生まれつき	우마레츠끼	천성
うみ	海	우미	바다
うみべ	海辺	우미베	해변
うめ	梅	우메	매화
うら	裏	우라	뒷면, 이면
うらない	占い	우라나이	점
うりあげ	売り上げ	우리아게	매상
うりば	売り場	우리바	매장
うわき	浮気	우와끼	바람기
うわぎ	上着	우와기	상의

え

일본어	한자	발음	뜻
うわさ	噂	우와사	소문
うん	運	운	운
うんてん	運転	운떼ㅇ	운전
うんてんしゅ	運転手	운떼ㄴ슈	운전사
うんどう	運動	운도	운동
え	絵	에	그림
えいが	映画	에-가	영화
えいがかん	映画館	에-가까ㅇ	영화관
えいご	英語	에-고	영어
えがお	笑顔	에가오	웃는 얼굴
えき	駅	에끼	역
えさ	餌	에사	먹이
えだ	枝	에다	가지
えのぐ	絵の具	에노구	물감
えはがき	絵葉書	에하가끼	그림엽서
えび	海老	에비	새우

일본어	한자	발음	뜻
えほん	絵本	에홍	그림책
えん	円	엥	엔, 엔화
えんげき	演劇	엥게끼	연극
えんそう	演奏	엔소-	연주
えんそく	遠足	엔소꾸	소풍
えんぴつ	鉛筆	엠삐쯔	연필
おい	甥	오이	남자조카
おいわい	お祝い	오이와이	축하, 축하 선물
おうさま	王様	오-사마	임금님
おうせつま	応接間	오-세쯔마	응접실
おうだんほどう	横断歩道	오-당호도-	횡단보도
おうむ		오-무	앵무새
おおあめ	大雨	오-아메	큰비, 호우
おおかみ	狼	오-까미	이리, 늑대
おおきさ	大きさ	오-끼사	크기
おおさか	大阪	오-사까	오사카

일본어	한자	발음	뜻
おおぜい	大勢	오-제-	많은 사람
おおやさん	大家さん	오-야사ㅇ	집주인
おか	丘	오까	언덕, 구릉
おかあさん	お母さん	오까-사ㅇ	엄마, 어머니
おかし	お菓子	오까시	과자
おかず		오까즈	반찬
おかね	お金	오까네	돈
おかゆ	お粥	오가유	죽
おがわ	小川	오가와	시내, 개울
おきゃくさん	お客さん	오꺄ㄱ사ㅇ	손님
おく	億	오꾸	억
おく	奥	오꾸	속, 안
おくさん	奥さん	오ㄱ사ㅇ	부인, 사모님
おくじょう	屋上	오꾸죠-	옥상
おくびょう	臆病	오꾸뵤-	겁쟁이
おくりもの	贈り物	오꾸리모노	선물

일본어	한자	발음	뜻
おさけ	お酒	오사께	술
おさら	お皿	오사라	접시
おじ	伯(叔)父	오지	부모의 형제 총칭
おじいさん	お祖父さん	오지-사ㅇ	할아버지
おしいれ	押入れ	오시이레	이불장
おしえご	教え子	오시에고	제자
おじさん	伯(叔)父さん	오지사ㅇ	부모의 형제 총칭
おしゃべり		오샤베리	수다, 수다쟁이
おしゃれ		오샤레	멋쟁이, 멋을 부림
おじょうさん	お嬢さん	오죠-사ㅇ	아가씨, 따님
おす	お酢	오스	식초
おす	雄	오스	수컷
おたく	お宅	오따꾸	댁
おちば	落ち葉	오치바	낙엽
おちゃ	お茶	오쨔	차
おっと	夫	오ㅅ또	남편

おつまみ	오쯔마미		술안주
おつり	오쯔리	お釣り	거스름돈
おてあらい	오떼아라이	お手洗い	화장실
おてら	오떼라	お寺	절
おでん	오뎅		오뎅
おと	오또	音	소리
おとうさん	오또-사○	お父さん	아빠, 아버지
おとうと	오또-또	弟	남동생
おとこ	오또꼬	男	남자
おとこのひと	오또꼬노히또	男の人	남자
おとしより	오또시요리	お年寄り	노인
おととい	오또또이	一昨日	그저께
おととし	오또또시	一昨年	재작년
おとな	오또나	大人	어른
おどり	오도리	踊り	춤
おなか	오나까	お腹	배

일본어	한자	발음	뜻
おなら	屁	오나라	방귀
おに	鬼	오니	귀신, 도깨비
おにいさん	お兄さん	오니-사○	형님, 오빠분
おにぎり		오니기리	주먹밥
おにく	お肉	오니꾸	고기
おねえさん	お姉さん	오네-사○	누님, 언니분
おば	伯(叔)母	오바	부모의 여자 형제 총칭
おばあさん	お祖母さん	오바-사○	할머니
おばさん	伯(叔)母さん	오바사○	부모의 여자 형제 총칭
おはだ	お肌	오하다	피부, 살결
おふろ	お風呂	오후로	목욕, 욕조
おべんとう	お弁当	오베ㄴ또-	도시락
おまえ	お前	오마에	너
おまわりさん	お巡りさん	오마와리사○	경찰 아저씨
おみあい	お見合い	오미아이	중매
おみまい	お見舞い	오미마이	문병

일본어	한자	발음	뜻
おみやげ	お土産	오미야게	선물
おもいで	思い出	오모이데	추억
おもち	お餅	오모치	떡
おもちゃ	玩具	오모쨔	장난감
おもて	表	오모떼	겉, 앞면, 바깥
おや	親	오야	부모
おやこ	親子	오야꼬	부모 자식
おやつ		오야츠	(오후) 간식
おゆ	お湯	오유	뜨거운 물, 끓인 물
おれ	俺	오레	나
おれい	お礼	오레—	사례, 감사인사
おわり	終わり	오와리	끝, 마지막
おんがく	音楽	오ㅇ가꾸	음악
おんせん	温泉	오ㄴ세ㄴ	온천
おんど	温度	오ㄴ도	온도
おんな	女	오ㄴ나	여자

か

일본어	한자	발음	뜻
おんなのひと	女の人	오ㄴ나노히또	여성
か	蚊	가	모기
かい	貝	가이	조개
かいいん	会員	가이이ㅇ	회원
かいがい	海外	가이가이	해외
かいがいりょこう	海外旅行	가이가이료꼬-	해외여행
かいがん	海岸	가이가ㅇ	해안
かいぎ	会議	가이기	회의
かいぎしつ	会議室	가이기시쯔	회의실
かいけつ	解決	가이께쯔	해결
がいこく	外国	가이꼬꾸	외국
がいこくご	外国語	가이꼬꾸고	외국어
かいしゃ	会社	가이샤	회사
かいしゃいん	会社員	가이샤이ㅇ	회사원
がいしゅつ	外出	가이슈쯔	외출
かいじょう	会場	가이죠-	회장

일본어	한자	발음	뜻
がいしょく	外食	가이쇼꾸	외식
かいせつ	解説	카이세츠	해설
かいだん	階段	카이다○	계단
かいちょう	会長	카이쵸-	회장
かいもの	買い物	카이모노	쇼핑, 장보기
かいわ	会話	카이와	회화
かえり	帰り	카에리	돌아감, 돌아오는 길
かえる	蛙	카에루	개구리
かお	顔	카오	얼굴
かおいろ	顔色	카오이로	안색
かおつき	顔付き	카오츠끼	얼굴 생김새
かおり	香り	카오리	향기
がか	画家	가까	화가
かがく	科学	카가꾸	과학
かがみ	鏡	카가미	거울
かき	柿	카끼	감

일본어	한자	뜻	일본어	한자	뜻
かき (가끼)		굴	かぎ (가기)	鍵	열쇠
かぐ (가구)	家具	가구	がくせい (가ㄱ세-)	学生	학생
がくぶち (가꾸부치)	額縁	액자	かげ (가게)	陰	그늘
かげ (가게)	影	그림자	かこ (가꼬)	過去	과거
かさ (가사)	傘	우산	かざん (가자ㅇ)	火山	화산
かじ (가지)	家事	집안일	かじ (가지)	火事	화재, 불
かしゅ (가슈)	歌手	가수	かず (가즈)	数	숫자
かぜ (가제)	風	바람	かぜ (가제)	風邪	감기

명사 / 형용사 / な형용사 / 동사 / 부사 / 그 외 / 외래어

일본어	한자	발음	뜻
かぞく	家族	가조꾸	가족
かた	肩	가따	어깨
かた	方	가따	분
かたかな	片仮名	가따까나	가타카나
かたち	形	가따치	모양, 형태
かたな	刀	가따나	칼
かちょう	課長	가쵸-	과장
がちょう		가쵸-	거위
がっきゅう	学級	가ㄱ뀨-	학급
がっこう	学校	가ㄱ꼬-	학교
かつどう	活動	가쯔도-	활동
かてい	家庭	가떼-	가정
かど	角	가도	모서리, 모퉁이
かない	家内	가나이	아내, 처
かなづち	金づち	가나즈치	망치
かに	蟹	가니	게

일본어	한자	한국어	일본어	한자	한국어
かね (가네)	鐘	종	かねもち (가네모치)	金持ち	부자
かのう (가노-)	可能	가능	かのじょ (가노죠)	彼女	그녀
かばん (가방)	鞄	가방	かびん (가빙)	花瓶	꽃병
かべ (가베)	壁	벽	かぼちゃ (가보쨔)		호박
かみ (가미)	紙	종이	かみ (가미)	髪	머리카락
かみ (가미)	神	신	かみさま (가미사마)	神様	하느님
かみなり (가미나리)	雷	천둥, 벼락	かみのけ (가미노께)	髪の毛	머리카락
かも (가모)		오리	かようきょく (가요-꾜꾸)	歌謡曲	가요

명사 / 형용사 / な형용사 / 동사 / 부사 / 그 외 외래어

일본어	한자	발음	뜻
がようし	画用紙	가요-시	도화지
かようび	火曜日	가요-비	화요일
からす	烏	가라스	까마귀
からだ	体	가라다	몸
からだつき	体付き	가라다츠끼	몸매, 체격
かれ	彼	가레	그
かれし	彼氏	가레시	남자친구
かれら	彼ら	가레라	그들
かろう	過労	가로-	과로
かわ	川	가와-	강
かわ	革	가와	가죽
かわ	皮	가와	껍질
がん	癌	가ㅇ	암
かんけい	関係	가ㅇ께-	관계
かんげいかい	歓迎会	가ㅇ게-까이	환영회
かんこう	観光	가ㅇ꼬-	관광

일본어	한자	발음	뜻
かんこく	韓国	캉꼬꾸	한국
かんこくご	韓国語	캉꼬꾸고	한국어
かんこくじん	韓国人	캉꼬꾸징	한국인
かんごし	看護師	캉고시	간호사
かんじ	感じ	칸지	느낌
かんじ	漢字	칸지	한자
がんじつ	元日	간지츠	설날
かんじゃ	患者	칸쟈	환자
かんじょう	感情	칸죠-	감정
かんじょう	勘定	칸죠-	계산
かんしょく	間食	칸쇼꾸	간식
かんしん	関心	칸싱	관심
かんしん	感心	칸싱	감탄
かんぞう	肝臓	칸조-	간장
かんどう	感動	칸도-	감동
かんぱい	乾杯	캄빠이	건배

き

일본어	한자	한국어 발음	뜻
き	気	기	마음, 정신
き	木	기	나무
きいろ	黄色	기이로	노란색
きおん	気温	기오웅	기온
きかい	機械	기까이	기계
きかい	機会	기까이	기회
きく	菊	기꾸	국화
きけん	危険	기께웅	위험
きじ	生地	기지	옷감, 천
きしゃ	汽車	기샤	기차
きしゃ	記者	기샤	기자
ぎじゅつ	技術	기쥬츠	기술
きず	傷	기즈	상처
きせつ	季節	기세츠	계절
きそく	規則	기소꾸	규칙
きた	北	기따	북, 북쪽

일본어	한자	발음	뜻
きっさてん	喫茶店	기ㅅ사떼ㅇ	찻집
きって	切手	기ㅅ떼	우표
きつね	狐	기츠네	여우
きっぷ	切符	기ㅂ뿌	표
きぬ	絹	기누	비단
きのう	昨日	기노-	어제
きぶん	気分	기부ㅇ	기분
きぼ	規模	기보	규모
きぼう	希望	기보-	희망
きほん	基本	기호ㅇ	기본
きみ	君	기미	너
きみたち	君たち	기미따치	자네들
きも	肝	기모	간
きもち	気持ち	기모치	기분
きもの	着物	기모노	옷, 기모노
きゃく	客	갸꾸	손님

명사 / 형용사 / な형용사 / 동사 / 부사 / 그 외 / 외래어

일본어	한자	발음	뜻
きゅう	九	규-	9, 아홉
きゅうか	休暇	규-까	휴가
きゅうがく	休学	규-가꾸	휴학
きゅうこう	急行	규-꼬-	급행 열차
ぎゅうどん	牛丼	규-동	소고기덮밥
ぎゅうにく	牛肉	규-니꾸	소고기
ぎゅうにゅう	牛乳	규-뉴-	우유
きゅうり		규-리	오이
きゅうりょう	給料	규-료-	월급
きょう	今日	쿄-	오늘
きょういく	教育	쿄-이꾸	교육
きょうかい	教会	쿄-까이	교회
きょうかしょ	教科書	쿄-까쇼	교과서
きょうきゅう	供給	쿄-뀨-	공급
きょうざい	教材	쿄-자이	교재
きょうし	教師	쿄-시	교사

일본어	한자	의미	일본어	한자	의미
きょうしつ	教室	교실	きょうそう	競争	경쟁
쿄-시츠			쿄-소-		
きょうだい	兄弟	형제, 남매	きょうみ	興味	흥미
쿄-다이			쿄-미		
きょねん	去年	작년	きり	霧	안개
쿄넨			기리		
きん	金	금	ぎん	銀	은
긴			긴		
きんいろ	金色	금색	ぎんいろ	銀色	은색
깅이로			깅이로		
ぎんこう	銀行	은행	ぎんこういん	銀行員	은행원
깅꼬-			깅꼬-잉		
きんじょ	近所	근처, 부근	きんにく	筋肉	근육
킨죠			킨니꾸		
きんようび	金曜日	금요일	く	九	9, 아홉
킹요-비			쿠		

일본어	한자	한글 발음	뜻
ぐあい	具合	구아이	상태, 형편
くうき	空気	구-끼	공기
くうこう	空港	구-꼬-	공항
くがつ	九月	구가츠	9월
くき	茎	구끼	줄기
くぎ	釘	구기	못
くさ	草	구사	풀
くし	櫛	구시	빗
くしゃみ		구샤미	재채기
くじょう	苦情	구죠-	불평, 불만
くじら	鯨	구지라	고래
くすり	薬	구스리	약
くすりや	薬屋	구스리야	약국
くせ	癖	구세	버릇, 습관
くだもの	果物	구다모노	과일
くだものや	果物屋	구다모노야	과일가게

일본어	한자	발음	뜻
くち	口	구치	입
くちびる	唇	구치비루	입술
くちべに	口紅	구치베니	립스틱
くつ	靴	구츠	신발
くつした	靴下	구츠시따	양말
くつや	靴屋	구츠야	신발가게
くに	国	구니	나라
くび	首	구비	목
くま	熊	구마	곰
くも	雲	구모	구름
くも	蜘蛛	구모	거미
くもり	曇り	구모리	흐림
くり	栗	구리	밤
くるま	車	구루마	차
くるみ		구루미	호두
くろ	黒	구로	검정, 검은색

명사 / 형용사 / な형용사 / 동사 / 부사 / 그 외 / 외래어

け

일본어	발음	한자	한국어
くろう	쿠로-	苦労	고생, 노고
くろじ	쿠로지	黒字	흑자
け	케	毛	털
けいえい	케-에-	経営	경영
けいかく	케-까꾸	計画	계획
けいけん	케-껭	経験	경험
けいざい	케-자이	経済	경제
けいさつ	케-사츠	警察	경찰
けいさつかん	케-사츠깡	警察官	경찰
けいさつしょ	케-사츠쇼	警察署	경찰서
けいさん	케-상	計算	계산
けいたい	케-따이	携帯	휴대전화
けいたいでんわ	케-따이뎅와	携帯電話	휴대전화
けいやく	케-야꾸	契約	계약
けが	케가	怪我	부상
げか	게까	外科	외과

일본어	한자	발음	뜻
けさ	今朝	게사	오늘 아침
けしき	景色	게시끼	경치
けしゴム	消しゴム	게시고무	지우개
けしょう	化粧	게쇼-	화장
けしょうすい	化粧	게쇼-스이	스킨
けち		게치	구두쇠
けっこん	結婚	게ㄱ꼬ㅇ	결혼
けっこんしき	結婚式	게ㄱ꼬ㅇ시끼	결혼식
けっしん	決心	게ㅅ시ㄴ	결심
けっせき	欠席	게ㅅ세끼	결석
けってい	決定	게ㅅ떼-	결정
げつようび	月曜日	게츠요-비	월요일
けびょう	仮病	게뵤-	꾀병
けむり	煙	게무리	연기
けもの	獣	게모노	짐승
げり	下痢	게리	설사

명사 / 형용사 / な형용사 / 동사 / 부사 / 그 외 / 외래어

일본어	한자	뜻	일본어	한자	뜻
げんいん (게○이ㄴ)	原因	원인	けんか (게ㅇ까)	喧嘩	싸움
げんかん (게○까ㅇ)	玄関	현관	けんきゅう (게○뀨-)	研究	연구
げんきん (게○끼ㅇ)	現金	현금	けんこう (게○꼬-)	健康	건강
けんさ (게ㄴ사)	検査	검사	げんざい (게ㄴ자이)	現在	현재
けんしゅう (게ㄴ슈-)	研修	연수	げんしょう (게ㄴ쇼-)	現象	현상
げんじょう (게ㄴ죠-)	現状	현상	げんだい (게ㄴ다이)	現代	현대
けんちく (게ㄴ치꾸)	建築	건축	けんどう (게ㄴ도-)	剣道	검도
けんぶつ (게ㅁ부츠)	見物	구경	こ (고)	子	아이, 자식

こ

일본어	한자	발음	뜻
ご	五	고	5, 다섯
ご	碁	고	바둑
こい	恋	고이	사랑
こい	鯉	고이	잉어
こいびと	恋人	고이비또	애인, 연인
こうえん	公園	고-에ㅇ	공원
こうえん	公演	고-에ㅇ	공연
こうかい	後悔	고-까이	후회
こうがい	郊外	고-가이	교외
ごうかく	合格	고-까꾸	합격
こうぎ	講義	고-기	강의
こうぎょう	工業	고-교-	공업
こうくう	航空	고-꾸-	항공
こうけい	光景	고-께-	광경
こうこう	高校	고-꼬-	고등학교
こうこう	孝行	고-꼬-	효도

일본어	한자	발음	뜻
こうこうせい	高校生	고-꼬-세-	고등학생
ごうコン	合コン	고-꼰ㅇ	미팅
こうざ	講座	고-자	강좌
こうざ	口座	고-자	계좌
こうさてん	交差点	고-사떼ㅇ	교차점
こうし	講師	고-시	강사
こうじょう	工場	고-쬬-	공장
こうすい	香水	고-스이	향수
こうずい	洪水	고-즈이	홍수
こうそくどうろ	高速道路	고-소꾸도-로	고속도로
こうちゃ	紅茶	고-쨔	홍차
こうちょう	校長	고-쬬-	교장
こうつう	交通	고-츠-	교통
こうとう	高等	고-또-	고등
こうどう	講堂	고-도-	강당
こうはい	後輩	고-하이	후배

일본어	한자	발음	뜻
こうばん	交番	고-방	파출소
こうよう	紅葉	고-요-	단풍
こうりゅう	交流	고-류-	교류
こおり	氷	고-리	얼음
ごがつ	五月	고가츠	5월
こきょう	故郷	고꾜-	고향
こくさい	国際	고꾸사이	국제
こくてつ	国鉄	고꾸떼츠	국철
こうむいん	公務員	고-무이ㅇ	공무원
こうり	小売り	고우리	소매
こえ	声	고에	목소리
ごがく	語学	고가꾸	어학
こぎって	小切手	고기ㅅ떼	수표
こくご	国語	고꾸고	국어
こくせき	国籍	고ㄱ세끼	국적
こくどう	国道	고꾸도-	국도

일본어	한자	발음	뜻
こくない	国内	고꾸나이	국내
こくばん	黒板	고꾸바○	칠판
こくみん	国民	고꾸미○	국민
こくりつ	国立	고꾸리츠	국립
ここ		고꼬	여기, 이곳
ごご	午後	고고	오후
こごと	小言	고고또	잔소리, 꾸중
ここのか	九日	고꼬노까	9일
ここのつ	九つ	고꼬노츠	9개, 9살
こころ	心	고꼬로	마음
こし	腰	고시	허리
ごしゅじん	ご主人	고슈지○	남편분
こしょう	故障	고쇼-	고장
こしょう	胡椒	고쇼-	후추
こじん	個人	고지○	개인
ごぜん	午前	고제○	오전

일본어	한자	발음	뜻
こだい	古代	고다이	고대
ごちそう	ご馳走	고치소-	진수성찬
こつ		고츠	요령
こづかい	小遣い	고즈까이	용돈
こづつみ	小包	고즈츠미	소포
ことし	今年	고또시	올해
こども	子供	고도모	어린이, 아이
ことり	小鳥	고또리	작은 새
こたえ	答え	고따에	대답
こちら		고치라	이쪽, 이 분
こっか	国家	고ㄱ까	국가
こっち		고ㅅ치	이쪽
こと		고또	것, 일
ことば	言葉	고또바	말, 언어
こどもたち	子供たち	고도모따치	아이들
このあいだ	この間	고노아이다	요전 날, 지난 날

일본어	한자	한글 발음	뜻
このごろ	この頃	고노고로	요즘, 근래
このは	木の葉	고노하	나뭇잎
ごはん	御飯	고항	밥
ごま	胡麻	고마	깨
ごみ	塵	고미	쓰레기, 먼지
ごみばこ	ごみ箱	고미바꼬	쓰레기통
こむぎ	小麦	고무기	밀
こめ	米	고메	쌀
これ		고레	이것
ころ	頃	고로	무렵, 즈음
こんげつ	今月	고ㅇ게츠	이번 달
こんしゅう	今週	고ㄴ슈-	이번 주
こんど	今度	고ㄴ도	이번, 다음 번
こんばん	今晩	고ㅁ바ㅇ	오늘밤
こんや	今夜	고ㅇ야	오늘밤
こんやくしゃ	婚約者	고ㅇ야ㄱ샤	약혼자

さ

일본어	한자	발음	뜻
さい	差異	사이	차이
さいあく	最悪	사이아꾸	최악
さいきん	最近	사이낑ㅇ	최근, 요즘
さいご	最後	사이고	마지막
さいこう	最高	사이꼬-	최고
さいころ		사이꼬로	주사위
さいしゅう	最終	사이슈-	최종, 마지막
さいしょ	最初	사이쇼	처음, 최초
さいふ	財布	사이후	지갑
ざいりょう	材料	자이료-	재료
さかな	魚	사까나	생선
さかなや	魚屋	사까나야	생선가게
さかば	酒場	사까바	술집
さかや	酒屋	사까야	주류판매점
さき	先	사끼	앞, 끝
さきほど	先程	사끼호도	조금 전

명사 / 형용사 / な형용사 / 동사 / 부사 / 그 외 / 외래어

일본어	한자	발음	뜻
さくひん	作品	사꾸히ㅇ	작품
さくぶん	作文	사꾸부ㅇ	작문
さくら	桜	사꾸라	벚꽃
さけ	鮭	사께	연어
さしみ	刺身	사시미	생선회
ざせき	座席	자세끼	좌석
させつ	左折	사세츠	좌회전
さついれ	札入れ	사츠이레	지갑
さっか	作家	사ㄱ까	작가
ざっし	雑誌	자ㅅ시	잡지
さつまいも	さつま芋	사츠마이모	고구마
さとう	砂糖	사또-	설탕
さどう	茶道	사도-	다도
さば	鯖	사바	고등어
ざぶとん	座布団	자부또ㅇ	방석
さむがりや		사무가리야	추위를 잘 타는 사람

일본어	한자	발음	뜻
さむけ	寒気	사무께	한기, 오한
さらあらい	皿洗い	사라아라이	설거지
さらいげつ	再来月	사라이게츠	다음 다음달
さらいしゅう	再来週	사라이슈-	다음 다음주
さらいねん	再来年	사라이네ㅇ	내후년
さる	猿	사루	원숭이
さん	三	사ㄴ	3, 셋
さんか	参加	사ㅇ까	참가
さんかく	三角	사ㅇ까꾸	삼각
さんがつ	三月	사ㅇ가츠	3월
さんぎょう	産業	사ㅇ교-	산업
ざんぎょう	残業	자ㅇ교-	잔업
さんこうしょ	参考書	사ㅇ꼬-쇼	참고서
さんじゅう	三十	사ㄴ쥬-	30
さんすう	算数	사ㄴ스-	산수
さんせい	賛成	사ㄴ세-	찬성

し

일본어	한글	한자	뜻
さんぽ	사ㅁ뽀	散歩	산책
さんま	사ㅁ마		꽁치
し	시	四	4, 넷
じ	지	字	글자, 글씨
しあい	시아이	試合	시합
しあさって	시아사ㅅ떼	明明後日	글피
しお	시오	塩	소금
しか	시까	鹿	사슴
しか	시까	歯科	치과
しかい	시까이	歯科医	치과의사
しかた	시까따	仕方	방도, 수단
しがつ	시가츠	四月	4월
じかん	지까ㅇ	時間	시간
しき	시끼	四季	사계절
しけん	시께ㅇ	試験	시험
じけん	지께ㅇ	事件	사건

じこ	自己	지꼬	자기		じこ	事故	지꼬	사고
しごと	仕事	시고또	일		しし	獅子	시시	사자
ししゃ	支社	시샤	지사		ししゅつ	支出	시슈츠	지출
じしょ	辞書	지쇼	사전		しじょう	市場	시죠-	시장
じしん	自信	지싱	자신		じしん	地震	지싱	지진
した	下	시따	아래		した	舌	시따	혀
じだい	時代	지다이	시대, 시절		したぎ	下着	시따기	속옷
したく	支度	시따꾸	준비, 채비		しち	七	시치	7, 일곱

명사 / 형용사 / な형용사 / 동사 / 부사 / 그 외 / 외래어

51

일본어	한자	발음	뜻
しちがつ	七月	시치가쯔	7월
しちょう	市長	시쵸-	시장
しっと	嫉妬	싯또	질투
しっぱい	失敗	십빠이	실패, 실수
しっぽ	尻尾	십뽀	꼬리
しつもん	質問	시쯔몬	질문
しつれい	失礼	시쯔레-	실례
じてん	辞典	지뗀	사전
じてんしゃ	自転車	지뗀샤	자전거
じどう	自動	지도-	자동
じどう	児童	지도-	아동
じどうしゃ	自動車	지도-샤	자동차
しない	市内	시나이	시내
しなもの	品物	시나모노	물건
しばい	芝居	시바이	연극
しばふ	芝生	시바후	잔디

일본어	한자	한국어	일본어	한자	한국어
じぶん (지붕ㄴ)	自分	자신, 자기	しま (시마)	島	섬
しまい (시마이)	姉妹	자매	しみん (시미ㅇ)	市民	시민
じむ (지무)	事務	사무	じむしょ (지무쇼)	事務所	사무실
しゃかい (샤까이)	社会	사회	じゃがいも (쟈가이모)	じゃが芋	감자
しやくしょ (시야ㄱ쇼)	市役所	시청	しゃこ (샤꼬)	車庫	차고
しゃしん (샤시ㅇ)	写真	사진	しゃちょう (샤쵸-)	社長	사장
しゃっきん (샤ㄱ끼ㅇ)	借金	빚	しゃっくり (샤ㄱ꾸리)		딸꾹질
しゅう (슈-)	週	주	じゆう (지유-)	自由	자유

じゅう	十	쥬-	10, 열	しゅうい	周囲	슈-이	주위
じゅういち	十一	쥬-이치	11	じゅういちがつ	十一月	쥬-이치가츠	11월
じゅうがつ	十月	쥬-가츠	10월	しゅうかん	習慣	슈-깡	습관
しゅうし	修士	슈-시	석사	じゅうじ	十時	쥬-지	10시
じゅうしょ	住所	쥬-쇼	주소	しゅうしょく	就職	슈-쇼꾸	취직
じゅうだい	十代	쥬-다이	십대	じゅうたく	住宅	쥬-따꾸	주택
しゅうと	舅	슈-또	시아버지, 장인	じゅうどう	柔道	쥬-도-	유도
しゅうとめ	姑	슈-또메	시어머니, 장모	じゅうに	十二	쥬-니	12

じゅうにがつ	十二月	쥬-니가츠	12월
しゅうまつ	週末	슈-마츠	주말
じゅく	塾	쥬꾸	학원
しゅじゅつ	手術	슈쥬츠	수술
しゅっきん	出勤	슈ㄱ끼ㅇ	출근
しゅっしゃ	出社	슈ㅅ샤	출근
しゅっちょう	出張	슈ㅅ쵸-	출장
しゅと	首都	슈또	수도
しゅうにゅう	収入	슈-뉴-	수입
じゅぎょう	授業	쥬교-	수업
しゅくだい	宿題	슈꾸다이	숙제
しゅじん	主人	슈지ㅇ	남편
しゅっこく	出国	슈ㄱ꼬꾸	출국
しゅっせき	出席	슈ㅅ세끼	출석
しゅっぱつ	出発	슈ㅂ빠츠	출발
しゅふ	主婦	슈후	주부

명사 / 형용사 / な형용사 / 동사 / 부사 / 그 외 외래어

일본어	한자	발음	뜻
しゅみ	趣味	슈미	취미
じゅよう	需要	쥬요-	수요
じゅわき	受話器	쥬와끼	수화기
じゅんじょ	順序	쥰조	순서, 차례
じゅんばん	順番	쥰바ㅇ	순서, 차례
じゅんび	準備	쥰비	준비
しょうかい	紹介	쇼-까이	소개
しょうがくせい	小学生	쇼-가ㄱ세-	초등학생
しょうがつ	正月	쇼-가츠	정월
しょうがっこう	小学校	쇼-가ㄱ꼬-	초등학교
しょうぎ	将棋	쇼-기	장기
じょうぎ	定規	죠-기	자
じょうけん	条件	죠-께ㅇ	조건
しょうご	正午	쇼-고	정오
じょうし	上司	죠-시	상사
しょうじき	正直	쇼-지끼	정직

일본어	한자	발음	뜻
じょうしき	常識	죠-시끼	상식
しょうせつ	小説	쇼-세츠	소설
じょうだん	冗談	죠-당	농담
しょうてん	商店	쇼-뗑	상점
しょうねん	少年	쇼-넹	소년
しょうひ	消費	쇼-히	소비
しょうべん	小便	쇼-벵	소변
しょうぼうし	消防士	쇼-보-시	소방관
しょうじょ	少女	쇼-조	소녀
しょうたい	招待	쇼-따이	초대
しょうちゅう	焼酎	쇼-쥬-	소주
しょうにん	証人	쇼-닝	증인
しょうばい	商売	쇼-바이	장사
しょうひん	商品	쇼-힝	상품
じょうほう	情報	죠-호-	정보
しょうゆ	醤油	쇼-유	간장

일본어	한자	발음	뜻
しょうらい	将来	쇼-라이	장래, 미래
しょき	初期	쇼끼	초기
しょくぎょう	職業	쇼꾸교-	직업
しょくじ	食事	쇼꾸지	식사
しょくたく	食卓	쇼ㄱ따꾸	식탁
しょくどう	食堂	쇼꾸도-	식당
しょくば	職場	쇼꾸바	직장
しょくパン	食パン	쇼꼬빠ㅇ	식빵
しょくひん	食品	쇼꾸히ㅇ	식품
しょくぶつ	植物	쇼꾸부츠	식물
しょくりょうひん	食料品	쇼꾸료-히ㅇ	식료품
じょし	女子	죠시	여자
じょせい	女性	죠세-	여성
しょてん	書店	쇼떼ㅇ	서점
しょるい	書類	쇼루이	서류
しり	尻	시리	엉덩이

일본어	한자	발음	뜻
しりあい	知り合い	시리아이	지인
しろ	城	시로	성
しわ	皺	시와	주름
じんこう	人口	지ㅇ꼬-	인구
しんさ	審査	시ㄴ사	심사
しんしつ	寝室	시ㄴ시츠	침실
じんせい	人生	지ㄴ세-	인생
しんせつ	親切	시ㄴ세츠	친절
しろ	白	시로	하양, 흰색
しろうと	素人	시로-또	초심자, 아마추어
しんごう	信号	시ㅇ고-	신호등
しんこん	新婚	시ㅇ꼬ㅇ	신혼
しんさつ	診察	시ㄴ사츠	진찰
じんじゃ	神社	지ㄴ쟈	신사
しんせき	親戚	시ㄴ세끼	친척
しんぞう	心臓	시ㄴ조-	심장

일본어	한자	발음	뜻
しんとう	神道	시ㄴ또-	신토 (일본 종교)
しんねん	新年	시ㄴ네ㅇ	새해, 신년
しんぱい	心配	시ㅁ빠이	걱정, 근심
しんぶん	新聞	시ㅁ부ㅇ	신문
しんぶんしゃ	新聞社	시ㅁ부ㄴ샤	신문사
しんゆう	親友	시ㅇ유-	친한 친구
しんりん	森林	시ㄴ리ㅇ	삼림
すいえい	水泳	스이에-	수영
すいか	西瓜	스이까	수박
すいどう	水道	스이도-	수도
すいはんき	炊飯器	스이하ㅇ끼	전기밥솥
すいようび	水曜日	스이요-비	수요일
すうがく	数学	스-가꾸	수학
すうじ	数字	스-지	숫자
すがた	姿	스가따	모습, 모양
すききらい	好き嫌い	스끼끼라이	식성, 선호

すし	寿司	스시	생선초밥
すずめ	雀	스즈메	참새
ずつう	頭痛	즈츠-	두통
すな	砂	스나	모래
すみ	隅	스미	구석, 모퉁이
すもう	相撲	스모-	스모 (일본 씨름)
すもも		스모모	자두
すり		스리	소매치기
せ	背	세	키
せいかい	正解	세-까이	정답
せいかく	性格	세-까꾸	성격
せいかつ	生活	세-까츠	생활
せいさん	生産	세-사ㅇ	생산
せいじ	政治	세-지	정치
せいしょうねん	青少年	세-쇼-네ㅇ	청소년
せいじん	成人	세-지ㅇ	성인

일본어	한자	발음	뜻
せいせき	成績	세-세끼	성적
せいと	生徒	세-또	중고생
せいねん	青年	세-넨	청년
せいねんがっぴ	生年月日	세-넨가ㅂ삐	생년월일
せいぶつ	生物	세-부츠	생물
せいめい	生命	세-메-	생명
せいよう	西洋	세-요-	서양
せかい	世界	세까이	세계
せき	席	세끼	자리, 좌석
せき	咳	세끼	기침
せっけん	石鹸	섹껭	비누
せつめい	説明	세츠메-	설명
せなか	背中	세나까	등
せびろ	背広	세비로	양복
せみ	蝉	세미	매미
せわ	世話	세와	신세, 도움

일본어	한자	발음	뜻
せん	千	세ㅇ	1000, 천
せん	線	세ㅇ	선
せんい	繊維	세ㅇ이	섬유
せんがん	洗顔	세ㅇ가ㅇ	세수
せんきょ	選挙	세ㅇ꾜	선거
せんげつ	先月	세ㅇ게츠	지난달
せんこう	専攻	세ㅇ꼬-	전공
せんざい	洗剤	세ㄴ자이	세제
せんしゅ	選手	세ㄴ슈	선수
せんしゅう	先週	세ㄴ슈-	지난주
せんせい	先生	세ㄴ세-	선생님
せんせんげつ	先々月	세ㄴ세ㅇ게츠	지지난달
せんせんしゅう	先々週	세ㄴ세ㄴ슈-	지지난주
せんそう	戦争	세ㄴ소-	전쟁
せんたく	洗濯	세ㄴ따꾸	세탁
せんたくき	洗濯機	세ㄴ따ㄱ끼	세탁기

せんとう (세ㄴ또-)	銭湯	대중목욕탕
せんぱい (세ㅁ빠이)	先輩	선배
ぜんぶ (제ㅁ부)	全部	전부
せんぷうき (세ㅁ뿌-끼)	扇風機	선풍기
せんめん (세ㅁ메ㄴ)	洗面	세면
せんもん (세ㅁ모ㅇ)	専門	전문
ぞう (조-)	象	코끼리
そうきん (소-끼ㅇ)	送金	송금
ぞうきん (조-끼ㅇ)	雑巾	걸레
そうこ (소-꼬)	倉庫	창고
そうじ (소-지)	掃除	청소
そうしき (소-시끼)	葬式	장례식
そうじき (소-지끼)	掃除機	청소기
そうぞう (소-조-)	想像	상상
そうだん (소-다ㅇ)	相談	상의, 의논
そうべつかい (소-베츠까이)	送別会	송별회

일본어	한자	발음	뜻
そくど	速度	소꾸도	속도
そこ		소꼬	거기, 그곳
そこ	底	소꼬	바닥
そちら		소치라	그쪽, 그곳
そつぎょう	卒業	소츠교-	졸업
そつぎょうしき	卒業式	소츠교-시끼	졸업식
そっち		솟치	그쪽, 거기
そで	袖	소데	소매
そと	外	소또	밖
そば	側	소바	곁, 옆
そふ	祖父	소후	할아버지
そぼ	祖母	소보	할머니
そら	空	소라	하늘
それ		소레	그것

た

일본어	한자	발음	뜻
たい	鯛	다이	도미
たいいく	体育	다이이꾸	체육

たいいくかん / 다이이꾸깡	体育館	체육관
たいいん / 다이잉	退院	퇴원
たいおん / 다이옹	体温	체온
だいがく / 다이가꾸	大学	대학교
だいがくいん / 다이가꾸잉	大学院	대학원
だいがくせい / 다이가ㄱ세−	大学生	대학생
たいこ / 다이꼬	太鼓	북
だいこん / 다이꽁	大根	무
たいしかん / 다이시깡	大使館	대사관
たいしゃ / 다이샤	退社	퇴근
たいしゅう / 다이슈−	大衆	대중
たいじゅう / 다이쥬−	体重	몸무게
たいしょう / 다이쇼−	対象	대상
たいしょく / 다이쇼꾸	退職	퇴직
だいじん / 다이징	大臣	장관
だいず / 다이즈	大豆	대두, 콩

일본어	한자	발음	뜻
たいせいよう	大西洋	다이세-요-	대서양
だいちょう	大腸	다이쵸-	대장
だいとうりょう	大統領	다이또-료-	대통령
だいどころ	台所	다이도꼬로	부엌
たいふう	台風	다이후-	태풍
たいへいよう	太平洋	다이헤-요-	태평양
たいよう	太陽	다이요-	태양
たいわ	対話	다이와	대화
たか	鷹	다까	독수리, 매
たかさ	高さ	다까사	높이
たからもの	宝物	다까라모노	보물
たき	滝	다끼	폭포
たくはい	宅配	다꾸하이	택배
たけ	竹	다께	대나무
たこ		다꼬	문어
たたかい	戦い	다따까이	싸움

たたみ	畳	다따미	다다미 (일본 돗자리)
たっきゅう	卓球	닫꾸ー	탁구
たてもの	建物	다떼모노	건물
たに	谷	다니	골짜기
たね	種	다네	씨앗
たばこ	煙草	다바꼬	담배
たび	旅	다비	여행
たべもの	食べ物	다베모노	음식
たちば	立場	다치바	입장, 처지
たて	縦	다떼	세로
たな	棚	다나	선반
たにん	他人	다니ㅇ	타인, 남
たのしみ	楽しみ	다노시미	즐거움
たはた	田畑	다하따	논밭
たべすぎ	食べ過ぎ	다베스기	과식
たまご	卵	다마고	달걀, 계란

일본어	한자	발음	뜻
たまねぎ	玉ねぎ	다마네기	양파
だれ	誰	다레	누구
だんご	団子	다○고	경단
たんしょ	短所	다ㄴ쇼	단점
たんじょうび	誕生日	다ㄴ죠-비	생일
だんせい	男性	다ㄴ세-	남성
だんな	旦那	다ㄴ나	남편
たんぽぽ		다ㅁ뽀뽀	민들레
ためいき	ため息	다메이끼	한숨
たんご	単語	다○고	단어, 낱말
だんし	男子	다ㄴ시	남자
だんじょ	男女	다ㄴ죠	남녀
たんす		다ㄴ스	서랍장
たんだい	短大	다ㄴ다이	전문대학
だんぼう	暖房	다ㅁ보-	난방
ちか	地下	치까	지하

일본어	한자	발음	뜻
ちかく	近く	치까꾸	근처
ちかごろ	近頃	치까고로	최근
ちかてつ	地下鉄	치까떼츠	지하철
ちかどう	地下道	치까도-	지하도
ちかみち	近道	치까미치	지름길
ちから	力	치까라	힘
ちきゅう	地球	치뀨-	지구
ちず	地図	치즈	지도
ちち	父	치치	아버지
ちち	乳	치치	젖
ちゃいろ	茶色	챠이로	갈색
ちゃわん	茶碗	챠와ㅇ	밥공기
ちゅうい	注意	츄-이	주의
ちゅうがくせい	中学生	츄-가ㄱ세-	중학생
ちゅうがっこう	中学校	츄-가ㄱ꼬-	중학교
ちゅうごく	中国	츄-고꾸	중국

일본어	한자	발음	한국어
ちゅうごくご	中国語	츄-고꾸고	중국어
ちゅうしゃ	駐車	츄-샤	주차
ちゅうしゃ	注射	츄-샤	주사
ちゅうしょく	昼食	츄-쇼꾸	점심식사
ちゅうもん	注文	츄-모ㅇ	주문
ちょう	蝶	쵸-	나비
ちょう	腸	쵸-	장
ちょうしょ	長所	쵸-쇼	장점
ちょうしょく	朝食	쵸-쇼꾸	아침식사
ちょきん	貯金	쵸끼ㅇ	저금
ちりとり	ちり取り	치리또리	쓰레받기
ちりょう	治療	치료-	치료
ついたち	一日	츠이따치	1일, 초하루
つうか	通過	츠-까	통과
つうきん	通勤	츠-끼ㅇ	통근
つうちょう	通帳	츠-쵸-	통장

일본어	한자	발음	뜻
つうろ	通路	츠-로	통로
つかい	使い	츠까이	심부름
つかいかた	使い方	츠까이까따	사용법
つき	月	츠끼	달
つぎ	次	츠기	다음, 버금
つきあい	付き合い	츠끼아이	교제, 인간관계
つきあたり	突き当り	츠끼아따리	막다른 곳
つくえ	机	츠꾸에	책상
つごう	都合	츠고-	형편, 사정
つち	土	츠치	땅, 흙
つつじ		츠츠지	진달래
つとめさき	勤め先	츠또메사끼	근무처
つば	唾	츠바	침
つばさ	翼	츠바사	날개
つばめ	燕	츠바메	제비
つま	妻	츠마	아내, 처

일본어	한자	한국어
つみ (츠미)	罪	죄
つめ (츠메)	爪	손톱
つめきり (츠메끼리)	爪切り	손톱깎이
つゆ (츠유)	梅雨	장마
つゆ (츠유)	露	이슬
つり (츠리)	釣り	낚시
つる (츠루)	鶴	학, 두루미
て (데)	手	손
ていえん (데-에ㅇ)	庭園	정원
ていか (데-까)	定価	정가
ていきいれ (데-끼이레)	定期入れ	정액권지갑
ていきょう (데-꾜-)	提供	제공
ていしゅつ (데-슈츠)	提出	제출
ていしょく (데-쇼꾸)	定食	정식
ていりゅうじょ (데-류-죠)	停留所	정류장
てがみ (데가미)	手紙	편지

てき	敵	데끼	적
できごと	出来事	데끼고또	사건
でぐち	出口	데구치	출구
てつがく	哲学	데쯔가꾸	철학
てつどう	鉄道	데즈도-	철도
てぶくろ	手袋	데부꾸로	장갑
てら	寺	데라	절
てん	点	덴	점
てんいん	店員	덴잉	점원
てんき	天気	덴끼	날씨
でんき	電気	덴끼	전기
てんきよほう	天気予報	덴끼요호-	일기예보
てんきん	転勤	덴낑	전근
てんごく	天国	덴고꾸	천국
てんさい	天才	덴사이	천재
てんさい	天災	덴사이	천재

일본어	한자	한국어
てんし (덴시)	天使	천사
でんし (덴시)	電子	전자
でんしゃ (덴샤)	電車	전차, 전철
でんしレンジ (덴시레ㄴ지)	電子レンジ	전자레인지
てんちょう (덴쵸-)	店長	점장
でんとう (덴또-)	電灯	전등
でんとう (덴또-)	伝統	전통
てんぷら (데ㅁ뿌라)	天ぷら	튀김
てんらんかい (덴라ㄴ까이)	展覧会	전시회
でんわ (덴와)	電話	전화

と

でんわばんごう (덴와바ㅇ고-)	電話番号	전화번호
といあわせ (도이아와세)	問い合わせ	문의, 조회
どうきゅうせい (도-뀨-세-)	同級生	동급생
とうきょう (도-꾜-)	東京	도쿄
どうぐ (도-구)	道具	도구
とうちゃく (도-쨔꾸)	到着	도착

일본어	한자	발음	뜻
とうふ	豆腐	도-후	두부
どうぶつ	動物	도-부츠	동물
どうぶつえん	動物園	도-부츠에ㅇ	동물원
とうもろこし		도-모로꼬시	옥수수
どうりょう	同僚	도-료-	동료
どうろ	道路	도-로	도로
とお	十	도-	10개, 10살
とおか	十日	도-까	10일
とおく	遠く	도-꾸	먼 곳
とおり	通り	도-리	대로, 거리
とかい	都会	도까이	도시, 도회
とき	時	도끼	때, 시간
どくしょ	読書	도ㄱ쇼	독서
とくちょう	特徴	도ㄱ쵸-	특징
とけい	時計	도께-	시계
どこ		도꼬	어디

일본어	한자	발음	뜻
とこや	床屋	도꼬야	이발소
ところ	所	도꼬로	장소, 곳
とし	年	도시	해, 나이
とし	都市	도시	도시
としうえ	年上	도시우에	연상
としした	年下	도시시따	연하
としょかん	図書館	도쇼까○	도서관
とち	土地	도치	토지
どちら		도치라	어느 쪽
とっきゅう	特級	돗뀨ー	특급 열차
どっち		돗치	어느 쪽, 어느 것
どなた		도나따	어느 분
となり	隣	도나리	옆, 이웃
ともだち	友達	도모다치	친구
どようび	土曜日	도요ー비	토요일
とら	虎	도라	호랑이

とり / 도리	鳥 / 새	とりけし / 도리께시	取消し / 취소, 해약
とりにく / 도리니꾸	鶏肉 / 닭고기	とりひき / 도리히끼	取引 / 거래
どりょく / 도료꾸	努力 / 노력	どれ / 도레	/ 어느 것
どろぼう / 도로보-	泥棒 / 도둑	とんカツ / 도ㅇ까츠	豚カツ / 포크커틀릿
どんぶり / 도ㅁ부리	丼 / 덮밥	とんぼ / 도ㅁ보	/ 잠자리
ないよう / 나이요-	内容 / 내용	なか / 나까	中 / 안, 속
なか / 나까	仲 / (사람의) 사이, 관계	ながいき / 나가이끼	長生き / 장수
ながさ / 나가사	長さ / 길이	ながし / 나가시	流し / 개수대

な

Track 05

일본어	한자	발음	뜻
なかなおり	仲直り	나까나오리	화해
なかま	仲間	나까마	동료
なかみ	中身	나까미	알맹이, 내용
なごや	名古屋	나고야	나고야
なし	梨	나시	배
なす		나스	가지
なぞ	謎	나조	수수께끼
なだれ	雪崩れ	나다레	눈사태
なつ	夏	나츠	여름
なつめ	棗	나츠메	대추
なつやすみ	夏休み	나츠야스미	여름방학
なな	七	나나	7, 일곱
ななつ	七つ	나나츠	7개, 7살
なに	何	나니	무엇
なのか	七日	나노까	7일
なべ	鍋	나베	냄비

일본어	한자	읽기	뜻
なま	生	나마	날 것, 생것
なまえ	名前	나마에	이름
なみ	波	나미	파도
なみき	並木	나미끼	가로수
なみだ	涙	나미다	눈물
なん	何	난	무엇
なんがつ	何月	낭가츠	몇 월
なんさい	何歳	난사이	몇 살
なんじ	何時	난지	몇 시
なんにち	何日	난니치	며칠
なんにん	何人	난닝	몇 명
なんようび	何曜日	낭요-비	무슨 요일
に	二	니	2, 둘
におい	匂い	니오이	냄새, 향기
にかいだて	二階建て	니까이다떼	이층집
にがつ	二月	니가츠	2월

일본어	발음	한자	뜻
にきび	니끼비		여드름
にく	니꾸	肉	고기, 살
にくや	니꾸야	肉屋	정육점
にし	니시	西	서, 서쪽
にじ	니지	二時	두 시
にじゅう	니쥬-	二十	20
にせもの	니세모노	偽物	가짜 물건
にちじょう	니치죠-	日常	일상
にちようび	니치요-비	日曜日	일요일
にっか	닛까	日課	일과
にっき	닛끼	日記	일기
にってい	닛떼-	日程	일정
にひゃく	니햐꾸	二百	200, 이백
にほん	니홍	日本	일본
にほんご	니홍고	日本語	일본어
にほんじん	니혼진	日本人	일본인

にもつ (니모츠)	荷物	짐
にゅういん (뉴-이ㅇ)	入院	입원
にゅうえき (뉴-에끼)	乳液	로션
にゅうがく (뉴-가꾸)	入学	입학
にゅうがくしき (뉴-가그시끼)	入学式	입학식
にゅうこく (뉴-꼬꾸)	入国	입국
にわ (니와)	庭	마당
にわとり (니와또리)	鶏	닭
にんき (니ㅇ끼)	人気	인기
にんぎょう (니ㅇ교-)	人形	인형
にんげん (니ㅇ게ㅇ)	人間	인간
にんしん (니ㄴ시ㅇ)	妊娠	임신
にんじん (니ㄴ지ㅇ)	人参	당근
にんにく (니ㄴ니꾸)	大蒜	마늘
ぬし (누시)	主	주인
ぬすみ (누스미)	盗み	도둑질

일본어	한자	발음	뜻
ぬの	布	누노	천, 무명
ね	根	네	뿌리
ねあげ	値上げ	네아게	인상
ねがい	願い	네가이	바람, 소원
ねこ	猫	네꼬	고양이
ねごと	寝言	네고또	잠꼬대
ねじ		네지	나사
ねずみ	鼠	네즈미	쥐
ねだん	値段	네당	값
ねつ	熱	네츠	열
ねびき	値引き	네비끼	할인
ねんがじょう	年賀状	넹가죠-	연하장
の		노	것
のう	脳	노-	뇌
のうりょく	能力	노-료꾸	능력
のこり	残り	노꼬리	나머지

일본어	한자	발음	뜻
のど	喉	노도	목, 목구멍
のはら	野原	노하라	들, 들판
のみかい	飲み会	노미까이	술자리모임
のみすぎ	飲み過ぎ	노미스기	과음
のみもの	飲み物	노미모노	음료수, 마실 것
のり	糊	노리	풀
のり	海苔	노리	김
のりもの	乗り物	노리모노	탈것, 교통기관
は	葉	하	잎
は	歯	하	이
ばあい	場合	바아이	경우
はい	肺	하이	폐
はいいろ	灰色	하이이로	회색
ばいう	梅雨	바이우	장마
はいざら	灰皿	하이자라	재떨이
はいしゃ	歯医者	하이샤	치과의사

Track 06 — は

일본어	한자	발음	뜻	일본어	한자	발음	뜻
ばいてん	売店	바이떼ㅇ	매점	はえ	蝿	하에	파리
ばか	馬鹿	바까	바보, 천치	はがき	葉書	하가끼	엽서
はかせ	博士	하까세	박사	はきけ	吐き気	하끼께	구역질
はくさい	白菜	하꾸사이	배추	はくぶつかん	博物館	하꾸부츠까ㅇ	박물관
はこ	箱	하꼬	상자	はさみ		하사미	가위
はし	橋	하시	다리	はし	箸	하시	젓가락
はじ	恥	하지	부끄러움, 수치	はじめ	始め	하지메	처음, 시작
ばしょ	場所	바쇼	장소	はしら	柱	하시라	기둥

일본어	한자	한국어	일본어	한자	한국어
はだか (하다까)	裸	발가숭이, 알몸	はたき (하따끼)		먼지떨이
はたけ (하따께)	畑	밭	はたち (하따치)	二十歳	20살, 스무 살
はち (하치)	八	8, 여덟	はち (하치)	蜂	벌
はちがつ (하치가츠)	八月	8월	はちみつ (하치미츠)	蜂蜜	벌꿀
はつか (하츠까)	二十日	20일	はっけん (핫께o)	発見	발견
はつこい (하츠꼬이)	初恋	첫사랑	はと (하또)	鳩	비둘기
はな (하나)	花	꽃	はな (하나)	鼻	코
はなし (하나시)	話	이야기	はなしあい (하나시아이)	話し合い	교섭

일본어	한자	한글 발음	뜻
はなたば	花束	하나따바	꽃다발
はなみ	花見	하나미	꽃구경
はなや	花屋	하나야	꽃집
はは	母	하하	어머니
はば	幅	하바	폭, 넓이
ははおや	母親	하하오야	모친, 어머니
はブラシ	歯ブラシ	하부라시	칫솔
はみがき	歯磨き	하미가끼	양치
はみがきこ	歯磨き粉	하미가끼꼬	치약
はやし	林	하야시	수풀
ばら		바라	장미
はり	針	하리	바늘
はる	春	하루	봄
はるやすみ	春休み	하루야스미	봄방학
はれ	晴れ	하레	맑음, 갬
はん	半	항	반

ばん	晩	ばんぐみ	番組
바ㄴ	밤	바°구미	프로그램
ばんごう	番号	ばんごはん	晩御飯
바°고-	번호	바°고하°	저녁밥
はんたい	反対	はんとし	半年
하ㄴ따이	반대	하ㄴ또시	반년
はんばい	販売	はんぶん	半分
하ㅁ바이	판매	히ㅁ부ㄴ	반, 절반
ひ	日	ひ	火
히	해, 태양	히	불
ひあたり	日当り	ひがし	東
히아따리	채광	히가시	동, 동쪽
ひかり	光	ひきだし	引き出し
히까리	빛	히끼다시	서랍, 인출
ひげ	髭	ひこうき	飛行機
히게	수염	히꼬-끼	비행기

ひ

일본어	한자	발음	뜻	일본어	한자	발음	뜻
ひざ	膝	히자	무릎	ひざし	日差し	히자시	햇살, 햇볕
びじゅつ	美術	비쥬츠	미술	ひしょ	秘書	히쇼	비서
ひたい	額	히따이	이마	ひだり	左	히다리	왼쪽
ひだりて	左手	히다리떼	왼손	ひっこし	引っ越し	힉꼬시	이사
ひつじ	羊	히츠지	양	ひつよう	必要	히츠요-	필요
ひと	人	히또	사람	ひとつ	一つ	히또츠	한 개, 한 살
ひとつき	一月	히또츠끼	한 달	ひとびと	人々	히또비또	사람들
ひとめぼれ	一目惚れ	히또메보레	첫눈에 반함	ひとり	一人	히또리	한 사람, 한 명

명사 / 형용사 / な형용사 / 동사 / 부사 / 그 외 / 외래어

일본어	한자	발음	뜻
ひとり	独り	히또리	한 사람, 한 명
ひとりぐらし	独り暮らし	히또리구라시	독신생활
ひま	暇	히마	틈, 짬
ひまわり		히마와리	해바라기
ひみつ	秘密	히미츠	비밀
ひゃく	百	햐꾸	100, 백
ひよう	費用	히요-	비용
びよういん	美容院	비요-이ㅇ	미용실, 미장원
びょういん	病院	뵤-이ㅇ	병원
びょうき	病気	뵤-끼	병, 질병
ひょうげん	表現	효-게ㅇ	표현
びようし	美容師	비요-시	미용사
ひらがな	平仮名	히라가나	히라가나
ひる	昼	히루	낮, 점심
ひるごはん	昼御飯	히루고하ㅇ	점심밥
ひるすぎ	昼過ぎ	히루스기	오후

일본어	한자	한글발음	뜻
ひるま	昼間	히루마	점심
ひるやすみ	昼休み	히루야스미	점심시간
ひろば	広場	히로바	광장
びんせん	便せん	비ㄴ세ㄴ	편지지
ふあん	不安	후아ㅇ	불안
ふうしゅう	風習	후-슈-	풍습
ふうとう	封筒	후-또-	봉투
ふうふ	夫婦	후-후	부부
ふうん	不運	후우ㄴ	불운
ふえ	笛	후에	피리
ぶか	部下	부까	부하
ふきん	布巾	후끼ㄴ	행주
ふく	服	후꾸	옷
ふくしゅう	復習	후꾸슈-	복습
ふけいき	不景気	후께-끼	불경기
ふこう	不幸	후꼬-	불행

일본어	한자	일본어	한자
ぶし / 부시	武士 / 무사	ふじさん / 후지사ㄴ	富士山 / 후지산
ふじん / 후지ㅇ	婦人 / 부인	ふた / 후따	蓋 / 뚜껑, 덮개
ぶた / 부따	豚 / 돼지	ふたえまぶた / 후따에마부따	二重瞼 / 쌍꺼풀
ふたご / 후따고	双子 / 쌍둥이	ふたつ / 후따츠	二つ / 2개, 2살
ぶたにく / 부따니꾸	豚肉 / 돼지고기	ふたり / 후따리	二人 / 2명, 두 사람
ぶちょう / 부쵸-	部長 / 부장	ふつか / 후츠까	二日 / 2일
ぶっか / 부ㄱ까	物価 / 물가	ふで / 후데	筆 / 붓
ふでばこ / 후데바꼬	筆箱 / 필통	ぶどう / 부도-	葡萄 / 포도

일본어	한자	발음	뜻
ふともも	太股	후또모모	넓적다리
ふとん	布団	후똥	이부자리
ふね	船	후네	배
ふまん	不満	후망	불만
ふみきり	踏み切り	후미끼리	건널목
ふゆ	冬	후유	겨울
ふゆやすみ	冬休み	후유야스미	겨울방학
ぶらんこ		부랑꼬	그네
ふんいき	雰囲気	후잉이끼	분위기
ぶんか	文化	붕까	문화
ぶんがく	文学	붕가꾸	문학
ぶんしょう	文章	분쇼-	문장
ぶんぽう	文法	붐뽀-	문법
ぶんぼうぐ	文房具	붐보-구	문구
へいきん	平均	헤-낑	평균
へいじつ	平日	헤-지쯔	평일, 평상시

へいや / 헤-야	平野 / 평야	へいわ / 헤-와	平和 / 평화
へそ / 헤소	배꼽	へび / 헤비	蛇 / 뱀
へや / 헤야	部屋 / 방, 집	へんか / 헤ㅇ까	変化 / 변화
べんきょう / 베ㅇ꾜-	勉強 / 공부	べんごし / 베ㅇ고시	弁護士 / 변호사
へんじ / 헤ㄴ지	返事 / 대답, 응답	べんとう / 베ㄴ또-	弁当 / 도시락
べんり / 베ㄴ리	便利 / 편리	ぼうえき / 보-에끼	貿易 / 무역
ほうき / 호-끼	빗자루	ほうこう / 호-꼬-	方向 / 방향
ぼうし / 보-시	帽子 / 모자	ほうせき / 호-세끼	宝石 / 보석

ほ

일본어	한자	발음	뜻
ほうそう	放送	호-소-	방송
ほうちょう	包丁	호-쵸-	식칼
ほうどう	報道	호-도-	보도
ぼうふう	暴風	보-후-	폭풍
ほうほう	方法	호-호-	방법
ほうもん	訪問	호-모ㅇ	방문
ほうりつ	法律	호-리츠	법률
ほうれんそう	ほうれん草	호-레ㄴ소-	시금치
ほお	頬	호-	볼, 뺨
ぼく	僕	보꾸	나
ぼこくご	母国語	보꼬꾸고	모국어
ほし	星	호시	별
ほたる	蛍	호따루	개똥벌레, 반디
ほっかいどう	北海道	호ㄱ까이도-	홋카이도
ほどう	歩道	호도-	인도
ほどうきょう	歩道橋	호도-꾜-	육교

일본어	한자	한글 발음	뜻
ほとけ	仏	호또께	부처
ほね	骨	호네	뼈
ほん	本	혼	책
ほんき	本気	혼끼	진심, 본심
ほんしゃ	本社	혼샤	본사
ほんだな	本棚	혼다나	책장
ほんとう	本当	혼또-	정말, 사실
ほんね	本音	혼네	속마음, 본심
ほんばこ	本箱	홈바꼬	책장
ほんもの	本物	홈모노	진짜, 천연
ほんや	本屋	홍야	서점, 책방
ほんやく	翻訳	홍야꾸	번역

ま

まいあさ	毎朝	마이아사	매일 아침
まいしゅう	毎週	마이슈-	매주
まいつき	毎月	마이츠끼	매월, 매달
まいど	毎度	마이도	매번

일본어	한자	발음	뜻
まいとし	毎年	마이또시	매년
まいにち	毎日	마이니치	매일
まいばん	毎晩	마이방	매일 밤
まえ	前	마에	앞
まくら	枕	마꾸라	베개
まぐろ	鮪	마구로	참다랑어, 참치
まご	孫	마고	손자
まごころ	真心	마고꼬로	진심
まち	町	마치	마을, 도회
まちあわせ	待ち合わせ	마치아와세	만날 약속
まつ	松	마츠	소나무
まつげ	睫	마츠게	속눈썹
まつり	祭り	마츠리	축제
まど	窓	마도	창문
まなつ	真夏	마나츠	한여름
まね	真似	마네	흉내, 시늉

일본어	한자	발음	뜻
まふゆ	真冬	마후유	한겨울
まめ	豆	마메	콩
まやく	麻薬	마야꾸	마약
まゆげ	眉毛	마유게	눈썹
まよなか	真夜中	마요나까	한밤중
まる	丸	마루	동그라미
まわり	周り	마와리	주위, 둘레
まん	万	마ㄴ	10000, 만
まんが	漫画	마ㅇ가	만화
まんぞく	満足	마ㄴ조꾸	만족
まんなか	真ん中	마ㄴ나까	한가운데
まんねんひつ	万年筆	마ㄴ네ㄴ히츠	만년필

み

일본어	한자	발음	뜻
み	実	미	열매
みかん	蜜柑	미까ㅇ	귤
みぎ	右	미기	오른쪽
みこん	未婚	미꼬ㅇ	미혼

일본어	한자	발음	뜻
みず	水	미즈	물
みずいろ	水色	미즈이로	하늘색
みずうみ	湖	미즈우미	호수
みずぎ	水着	미즈기	수영복
みせ	店	미세	가게
みそしる	味汁	미소시루	된장국
みち	道	미치	길
みっか	三日	미ㄱ까	3일
みっつ	三つ	미ㅅ츠	3개, 3살
みどり	緑	미도리	녹색
みどりいろ	緑色	미도리이로	녹색
みなさん	皆さん	미나사o	여러분
みなと	港	미나또	항구
みなみ	南	미나미	남, 남쪽
みぶん	身分	미부o	신분, 신원
みほん	見本	미호o	견본

일본어	한자	발음	뜻
みみ	耳	미미	귀
みみず		미미즈	지렁이
みりょく	魅力	미료꾸	매력
みんな	皆	민나	모두
むいか	六日	무이까	6일
むかし	昔	무까시	옛날
むかしばなし	昔話	무까시바나시	옛날이야기
むぎ	麦	무기	보리
むこう	向こう	무꼬ー	맞은편, 건너편
むし	虫	무시	벌레, 곤충
むし	無視	무시	무시
むしば	虫歯	무시바	충치
むすこ	息子	무스꼬	아들
むすめ	娘	무스메	딸
むっつ	六つ	무ㅅ츠	6개, 6살
むね	胸	무네	가슴

일본어	한자	발음	뜻
むら	村	무라	마을
むらさきいろ	紫色	무라사끼이로	보라색
め	目	메	눈
めい	姪	메이	여자조카, 조카딸
めいし	名刺	메-시	명함
めいわく	迷惑	메-와꾸	폐, 불편
めがね	眼鏡	메가네	안경
めす	雌	메스	암컷
めまい	目眩	메마이	현기증
めんせき	面積	멘세끼	면적
もうしこみ	申し込み	모-시꼬미	신청
もうふ	毛布	모-후	담요
もくようび	木曜日	모꾸요-비	목요일
もち	餅	모치	떡
もちごめ	餅米	모치고메	찹쌀
もの	物	모노	물건

일본어	한자	발음	뜻
もの	者	모노	자, 사람
もの		모노	것
ものがたり	物語	모노가따리	이야기
もも	桃	모모	복숭아
ももいろ	桃色	모모이로	복숭아색, 분홍색
もやし	萌やし	모야시	콩나물
もり	森	모리	숲
もん	門	몽	문, 대문
もんだい	問題	몬다이	문제
や	矢	야	화살
やおや	八百屋	야오야	야채가게
やかん	夜間	야깡	야간
やかん	薬缶	야깡	주전자
やきゅう	野球	야뀨-	야구
やくざいし	薬剤師	야꾸자이시	약사
やくそく	約束	야ㄱ소꾸	약속

Track 08

や

일본어	한자	발음	뜻
やくわり	役割	야꾸와리	역할
やさい	野菜	야사이	야채
やすみ	休み	야스미	휴일, 휴식
やすみのひ	休みの日	야스미노히	휴일
やちん	家賃	야치ㅇ	집세
やっつ	八つ	야ㅅ츠	8개, 8살
やとう	野党	야또-	야당
やね	屋根	야네	지붕
やま	山	야마	산
やまのぼり	山登り	야마노보리	등산
ゆうえんち	遊園地	유-에ㄴ치	유원지
ゆうがた	夕方	유-가따	저녁
ゆうかん	夕刊	유-까ㅇ	석간
ゆうき	勇気	유-끼	용기
ゆうごはん	夕御飯	유-고하ㅇ	저녁밥
ゆうじょう	友情	유-죠-	우정

일본어	한자	발음	뜻
ゆうしょく	夕食	유-쇼꾸	저녁식사
ゆうじん	友人	유-지○	친구
ゆうだち	夕立	유-다치	소나기
ゆうびんきょく	郵便局	유-비○꾜꾸	우체국
ゆうべ	昨夜	유-베	어젯밤
ゆうらんせん	遊覽船	유-라ㄴ세○	유람선
ゆか	床	유까	마루
ゆかた	浴衣	유까따	여름 무명 홑옷
ゆき	雪	유끼	눈
ゆしゅつ	輸出	유슈츠	수출
ゆず	柚子	유즈	유자
ゆにゅう	輸入	유뉴-	수입
ゆび	指	유비	손가락
ゆびわ	指輪	유비와	반지
ゆめ	夢	유메	꿈
ゆり		유리	백합

よ

일본어	한자	발음	뜻
ようい	用意	요-이	준비
ようじ	用事	요-지	볼일, 용건
ようちえん	幼稚園	요-치에ㅇ	유치원
ようふくだんす	洋服だんす	요-후꾸다ㄴㅅ	옷장
よこ	横	요꼬	옆, 가로
よっか	四日	요ㄱ까	4일
よてい	予定	요떼-	예정
よのなか	世の中	요노나까	세상
ようか	八日	요-까	8일
ようしょく	洋食	요-쇼꾸	양식
ようふく	洋服	요-후꾸	옷
よきん	預金	요끼ㅇ	예금
よしゅう	予習	요슈-	예습
よっつ	四つ	요ㅅ츠	4개, 4살
よなか	夜中	요나까	밤중
よぼう	予防	요보-	예방

일본어	한자	발음	뜻
よめ	嫁	요메	며느리
よやく	予約	요야꾸	예약
よる	夜	요루	밤
よん	四	요ㄴ	4, 넷
らいげつ	来月	라이게츠	다음달
らいしゅう	来週	라이슈-	다음주
らいねん	来年	라이네ㄴ	내년
りえき	利益	리에끼	이익
りかい	理解	리까이	이해
りこん	離婚	리꼬ㄴ	이혼
りし	利子	리시	이자
りゆう	理由	리유-	이유, 까닭
りゅうがく	留学	류-가꾸	유학
りゅうがくせい	留学生	류-가ㄱ세-	유학생
りゅうこう	流行	류-꼬-	유행
りよう	利用	리요-	이용

りょう (료-)	寮	기숙사
りょうがわ (료-가와)	両側	양쪽
りょうしゅうしょ (료-슈-소)	領収書	영수증
りょうほう (료-호-)	両方	양쪽
りょけん (료껭)	旅券	여권
りんご (리ㅇ고)		사과
るすばんでんわ (루스바ㄴ데ㅇ와)	留守番電話	자동응답기
れいぎ (레-기)	礼儀	예의
りょうがえ (료-가에)	両替	환전
りょうきん (료-끼ㅇ)	料金	요금
りょうしん (료-시ㅇ)	両親	양친
りょうり (료-리)	料理	음식, 요리
りょこう (료꼬-)	旅行	여행
るす (루스)	留守	부재중
れい (레-)	零	영
れいきん (레-끼ㅇ)	礼金	사례금

일본어	한자	발음	뜻
れいぞうこ	冷蔵庫	레-조-꼬-	냉장고
れいぼう	冷房	레-보-	냉방
れきし	歴史	레끼시	역사
れつ	列	레츠	줄
れんあい	恋愛	렝아이	연애
れんぎょう		렝교-	개나리
れんしゅう	練習	렌슈-	연습
れんらく	連絡	렌라꾸	연락
ろうか	廊下	로-까	복도
ろうそく		로-소꾸	양초
ろく	六	로꾸	6, 여섯
ろくおん	録音	로꾸오ㅇ	녹음
ろくがつ	六月	로꾸가츠	6월
ろじ	路地	로지	골목길
ろんぶん	論文	로ㅁ부ㅇ	논문
わ	和	와	일본, 일본식

108

일본어	한자	발음	뜻
わかもの	若者	와까모노	젊은이
わかれ	別れ	와까레	이별
わさび		와사비	와사비
わしょく	和食	와쇼꾸	일식
わすれもの	忘れ物	와스레모노	유실물
わだい	話題	와다이	화제
わたくし	私	와따꾸시	저
わたし	私	와따시	나
わたしたち	私たち	와따시따치	우리
わらい	笑い	와라이	웃음
わりあい	割合	와리아이	비율
わりかん	割り勘	와리깡	각자 부담, 추렴
わりばし	割り箸	와리바시	나무젓가락
わりびき	割引	와리비끼	할인
わるぐち	悪口	와루구치	욕

명사 / 형용사 / な형용사 / 동사 / 부사 / 그 외 외래어

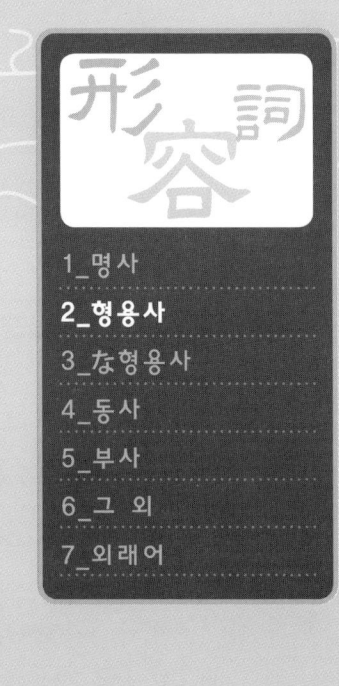

1_명사
2_형용사
3_な형용사
4_동사
5_부사
6_그 외
7_외래어

あ

일본어	한자	발음	뜻
あおい	青い	아오이	파랗다
あかい	赤い	아까이	빨갛다
あかるい	明るい	아까루이	밝다
あさい	浅い	아사이	얕다
あたたかい	温かい	아따따까이	따뜻하다
あたたかい	暖かい	아따따까이	따뜻하다
あたらしい	新しい	아따라시이	새롭다
あつい	暑い	아쯔이	덥다
あつい	熱い	아쯔이	뜨겁다
あつい	厚い	아쯔이	두껍다
あぶない	危ない	아부나이	위험하다
あまい	甘い	아마이	달다
あらい	荒い	아라이	거칠다, 사납다
ありがたい		아리가따이	고맙다, 반갑다
いい		이이	좋다
いそがしい	忙しい	이소가시이	바쁘다

일본어	한자	발음	뜻
いたい	痛い	이따이	아프다
うつくしい	美しい	우쯔꾸시이	아름답다
うらやましい	羨ましい	우라야마시이	부럽다
うれしい	嬉しい	우레시이	기쁘다
おいしい		오이시이	맛있다
おおきい	大きい	오-끼이	크다
おさない	幼い	오사나이	어리다
おそい	遅い	오소이	늦다, 느리다
うすい	薄い	우스이	엷다, 얇다
うまい		우마이	맛있다
うるさい		우루사이	시끄럽다, 소란스럽다
えらい	偉い	에라이	훌륭하다, 위대하다
おおい	多い	오-이	많다
おかしい	可笑しい	오까시이	이상하다, 우습다
おしい	惜しい	오시이	아깝다
おそろしい	恐ろしい	오소로시이	두렵다, 무섭다

일본어	한자	발음	뜻
おとこらしい	男らしい	오또꼬라시이	남자답다
おとなしい		오또나시이	얌전하다, 점잖다
おめでたい		오메데따이	경사스럽다
おもい	重い	오모이	무겁다
おもしろい	面白い	오모시로이	재미있다
かしこい	賢い	가시꼬이	현명하다, 영리하다
かたい	固い	가따이	단단하다
かっこういい		가ㄱ꼬-이-	멋있다
かなしい	悲しい	가나시이	슬프다
がまんづよい	我慢強い	가마ㄴ즈요이	참을성 있다
かゆい	痒い	가유이	가렵다
からい	辛い	가라이	맵다
かるい	軽い	가루이	가볍다
かわいい	可愛い	가와이이	예쁘다, 귀엽다
かわいらしい	可愛らしい	가와이라시이	사랑스럽다
きいろい	黄色い	기-로이	노랗다

일본어	한자	뜻	일본어	한자	뜻
きたない (기따나이)	汚い	더럽다	きつい (기츠이)		심하다, 고되다
きびしい (기비시이)	厳しい	엄하다, 심하다	くさい (구사이)	臭い	고약한 냄새가 나다
くやしい (구야시이)	悔しい	분하다, 억울하다	くらい (구라이)	暗い	어둡다
くるしい (구루시이)	苦しい	괴롭다	くろい (구로이)	黒い	검다
くわしい (구와시이)	詳しい	상세하다, 자세하다	けわしい (게와시이)	険しい	험하다
こい (고이)	濃い	진하다	こいしい (고이시이)	恋しい	그립다
こころよい (고꼬로요이)	快い	상쾌하다	こまかい (고마까이)	細かい	자세하다, 잘다
こわい (고와이)	怖い	무섭다	さびしい (사비시이)	寂しい	외롭다

さ

さむい	寒い	しおからい	塩辛い
사무이	춥다	시오까라이	짜다

したしい	親しい	しょっぱい	
시따시이	친하다, 친숙하다	숏빠이	짜다

しろい	白い	ずうずうしい	図々しい
시로이	하얗다, 희다	즈-즈-시이	뻔뻔하다, 교활하다

すくない	少ない	すごい	凄い
스꾸나이	적다	스고이	굉장하다, 대단하다

すずしい	涼しい	すっぱい	酸っぱい
스즈시이	시원하다, 서늘하다	숫빠이	시다

すばらしい	素晴らしい	ずるい	
스바라시이	멋지다, 훌륭하다	즈루이	교활하다, 약삭빠르다

するどい	鋭い	せまい	狭い
스루도이	날카롭다, 예리하다	세마이	좁다, 협소하다

たかい	高い	ただしい	正しい
다까이	높다, 비싸다	다다시이	올바르다, 바르다, 맞다

일본어	한자	한국어	일본어	한자	한국어
たのしい (다노시이)	楽しい	즐겁다	たやすい (다야스이)	容易い	쉽다, 손쉽다
ちいさい (치-사이)	小さい	작다	ちかい (치까이)	近い	가깝다
つまらない (츠마라나이)		재미없다	つめたい (츠메따이)	冷たい	차갑다, 차다
つよい (츠요이)	強い	강하다	つらい (츠라이)	辛い	괴롭다, 고통스럽다
てれくさい (데레꾸사이)	照れくさい	겸연쩍다	とおい (도~이)	遠い	멀다
ない (나이)		없다	ながい (나가이)	長い	길다
なつかしい (나츠까시이)	懐かしい	그립다	にがい (니가이)	苦い	쓰다
にくい (니꾸이)	憎い	밉다	ぬるい (누루이)	温い	미지근하다

は

일본어	한자	발음	뜻
ねむい	眠い	네무이	졸리다
ねむたい	眠たい	네무따이	졸리다
のぞましい	望ましい	노조마시이	바람직하다
ばかばかしい		바까바까시이	어리석다
はげしい	激しい	하게시이	세차다
はずかしい	恥ずかしい	하즈까시이	창피하다, 부끄럽다
はやい	速い	하야이	빠르다
はやい	早い	하야이	이르다
ひくい	低い	히꾸이	낮다
ひどい		히도이	심하다, 너무하다
ひとしい	等しい	히또시이	같다, 동일하다
ひろい	広い	히로이	넓다
ふかい	深い	후까이	깊다
ふさわしい	相応しい	후사와시이	어울리다
ふとい	太い	후또이	굵다
ふるい	古い	후루이	오래되다, 낡다

ま

일본어	한자	발음	뜻
ほしい	欲しい	호시이	원하다, 갖고 싶다
ほそい	細い	호소이	가늘다, 좁다
まずい		마즈이	맛없다
まずしい	貧しい	마즈시이	가난하다, 빈약하다
まぶしい	眩しい	마부시이	눈부시다
まるい	円い	마루이	둥글다
みじかい	短い	미지까이	짧다
みすぼらしい		미스보라시이	초라하다, 볼품없다
みにくい	醜い	미니꾸이	추하다
むしあつい	蒸し暑い	무시아츠이	무덥다
むずかしい	難しい	무즈까시이	어렵다
むなしい	空しい	무나시이	덧없다, 헛되다
めざましい	目覚ましい	메자마시이	눈부시다
めずらしい	珍しい	메즈라시이	드물다, 진귀하다
もったいない		못따이나이	아깝다
やさしい	優しい	야사시이	상냥하다

や

やさしい	易しい	やすい	安い
야사시이	쉽다	야스이	싸다

やわらかい	柔らかい	よい	良い
야와라까이	부드럽다	요이	좋다

よろしい	宜しい	よわい	弱い
요로시이	좋으시다	요와이	약하다

ら

れいぎただしい	礼儀正しい	わかい	若い
레-기따다시이	예의 바르다	와까이	어리다, 젊다

わ

わるい	悪い
와루이	나쁘다

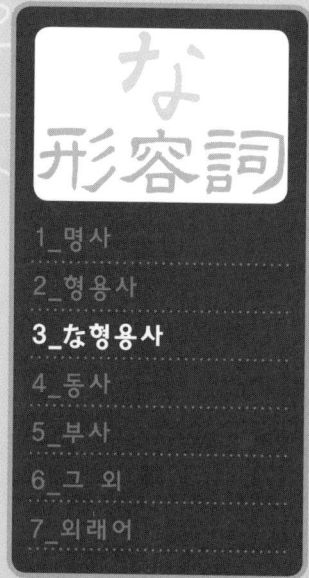

1_명사

2_형용사

3_な형용사

4_동사

5_부사

6_그 외

7_외래어

あ

일본어	한자	발음	뜻
あいまいだ	曖昧だ	아이마이다	애매하다, 모호하다
あきらかだ	明らかだ	아끼라까다	분명하다, 뚜렷하다
あざやかだ	鮮やかだ	아자야까다	선명하다, 산뜻하다
あたりまえだ	当り前だ	아따리마에다	당연하다
あんぜんだ	安全だ	안젠다	안전하다
いがいだ	意外だ	이가이다	의외다, 뜻밖이다
いやだ	嫌だ	이야다	싫다
うちきだ	内気だ	우치끼다	내성적이다
おしゃれだ		오샤레다	멋쟁이다
おだやかだ	穏やかだ	오다야까다	온화하다, 평온하다
おなじだ	同じだ	오나지다	같다, 동일하다
おもだ	主だ	오모다	주되다, 대부분이다

か

かくじつだ	確実だ	가꾸지츠다	확실하다
かすかだ	微かだ	가스까다	희미하다, 어렴풋하다
かってだ	勝手だ	가ㅅ떼다	제멋대로이다
かのうだ	可能だ	가노-다	가능하다

かわいそうだ	可愛そうだ	가와이소-다	불쌍하다, 가엾다
かんじんだ	肝心だ	가ㄴ지ㄴ다	중요하다, 요긴하다
かんぜんだ	完全だ	가ㄴ제ㄴ다	완전하다
かんたんだ	簡単だ	가ㄴ따ㄴ다	간단하다, 쉽다
かんぺきだ	完璧だ	가ㅁ뻬끼다	완벽하다
きがるだ	気軽だ	기가루다	부담 없다
きけんだ	危険だ	기께ㄴ다	위험하다
きのどくだ	気の毒だ	기노도꾸다	가엾다, 딱하다
きゃっかんてきだ	客観的だ	갸ㄱ까ㄴ떼끼다	객관적이다
きゅうくつだ	窮屈だ	규-꾸츠다	답답하다, 갑갑하다
きゅうだ	急だ	규-다	급하다, 갑작스럽다
きらいだ	嫌いだ	기라이다	싫어하다
きらくだ	気楽だ	기라꾸다	홀가분하다
きれいだ		기레-다	깨끗하다, 예쁘다
ぐたいてきだ	具体的だ	구따이떼끼다	구체적이다
けいかいだ	軽快だ	게-까이다	경쾌하다

일본어	한자	발음	뜻
けちだ		게치다	인색하다
けっこうだ	結構だ	게ㄱ꼬-다	충분하다, 좋다
げひんだ	下品だ	게히ㄴ다	천하다, 천박하다
げんきだ	元気だ	게ㅇ끼다	건강하다
けんこうだ	健康だ	게ㅇ꼬-다	긴강하다
こうへいだ	公平だ	꾜-헤-다	공평하다
さいわいだ	幸いだ	사이와이다	다행스럽다
さかんだ	盛んだ	사까ㄴ다	왕성하다, 번성하다
さわやかだ	爽やかだ	사와야까다	상쾌하다, 산뜻하다
ざんねんだ	残念だ	자ㄴ네ㄴ다	유감스럽다
しあわせだ	幸せだ	시아와세다	행복하다
しずかだ	静かだ	시즈까다	조용하다
しぜんだ	自然だ	시제ㄴ다	자연스럽다
じみだ	地味だ	지미다	수수하다, 검소하다
しゃこうてきだ	社交的だ	사꼬-떼끼다	사교적이다
じゃまだ	邪魔だ	쟈마다	방해가 되다

일본어	한자	발음	뜻
じゆうだ	自由だ	지유-다	자유롭다
じゅうだいだ	重大だ	쥬-다이다	중대하다
じゅうぶんだ	十分だ	쥬-분다	충분하다
じゅうようだ	重要だ	쥬-요-다	중요하다
しょうきょくてきだ	消極的だ	쇼-꾜꾸떼끼다	소극적이다
しょうじきだ	正直だ	쇼-지끼다	정직하다
じょうずだ	上手だ	죠-즈다	능숙하다, 고상하다
じょうひんだ	上品だ	죠-힌다	품위가 있다
じょうぶだ	丈夫だ	죠-부다	튼튼하다
しんけいしつだ	神経質だ	싱께-시츠다	신경질적이다
しんけんだ	真剣だ	싱껜다	진지하다
しんせつだ	親切だ	신세츠다	친절하다
しんせんだ	新鮮だ	신센다	신선하다
しんぱいだ	心配だ	심빠이다	걱정스럽다
すきだ	好きだ	스끼다	좋아하다
すてきだ	素敵だ	스떼끼다	멋지다, 멋있다

125

た

일본어	한자	발음	뜻
すなおだ	素直だ	스나오다	순수하다
せいじつだ	誠実だ	세-지츠다	성실하다
そっちょくだ	率直だ	소ㅅ쵸꾸다	솔직하다
たいくつだ	退屈だ	다이꾸츠다	지루하다, 따분하다
だいじょうぶだ	大丈夫だ	다이죠-부다	괜찮다
たいせつだ	大切だ	다이세츠다	중요하다
たいらだ	平らだ	다이라다	평평하다, 평탄하다
だめだ	駄目だ	다메다	소용없다, 불가능하다
せいかくだ	正確だ	세-까꾸다	정확하다
せっきょくてきだ	積極的だ	세ㄱ꾜꾸떼끼다	적극적이다
だいきらいだ	大嫌いだ	다이끼라이다	매우 싫어하다
だいじだ	大事だ	다이지다	중요하다
だいすきだ	大好きだ	다이스끼다	매우 좋아하다
たいへんだ	大変だ	다이헤ㄴ다	큰일이다, 대단하다
たしかだ	確かだ	다시까다	확실하다, 분명하다
たんきだ	短気だ	다ㄴ끼다	성미가 급하다

일본어	한자	발음	뜻
ていねいだ	丁寧だ	데-네-다	정중하다
てきとうだ	適当だ	데끼또-다	적당하다, 적절하다
とくいだ	得意だ	도꾸이다	잘하다, 자신이 있다
どくとくだ	独特だ	도꾸또꾸다	독특하다
とくべつだ	特別だ	도꾸베츠다	특별하다
なごやかだ	和やかだ	나고야까다	온화하다
なめらかだ	滑らかだ	나메라까다	매끄럽다, 순조롭다
にがてだ	苦手だ	니가떼다	서툴다, 질색이다
にぎやかだ		니기야까다	북적거리다
ねっしんだ	熱心だ	넷시느다	열심이다
はでだ	派手だ	하데다	화려하다
はなやかだ	華やかだ	하나야까다	화려하다, 화사하다
ハンサムだ	handsomeだ	한사무다	핸섬하다
ひそかだ	密かだ	히소까다	은밀하다
ひつようだ	必要だ	히츠요-다	필요하다
ひまだ	暇だ	히마다	한가하다

일본어	한자	발음	뜻
びみょうだ	微妙だ	비묘-다	미묘하다
びょうどうだ	平等だ	뵤-도-다	평등하다
びんぼうだ	貧乏だ	빈보-다	빈곤하다, 가난하다
ふあんだ	不安だ	후안다	불안하다
ふかいだ	不快だ	후까이다	불쾌하다
ふかのうだ	不可能だ	후까노-다	불가능하다
ふくざつだ	複雑だ	후꾸자츠다	복잡하다
ふしぎだ	不思議だ	후시기다	불가사의하다
ふしぜんだ	不自然だ	후시젠다	부자연스럽다
ぶじだ	無事だ	부지다	무사하다
ふそくだ	不足だ	후소꾸다	부족하다
ふべんだ	不便だ	후벤다	불편하다
ふまんだ	不満だ	후만다	불만스럽다
へいきだ	平気だ	헤-끼다	태연하다, 끄떡없다
へいわだ	平和だ	헤-와다	평화스럽다
へただ	下手だ	헤따다	서툴다

일본어	한자	발음	뜻
へんだ	変だ	헨다	이상하다
べんりだ	便利だ	벤리다	편리하다
まじめだ	真面目だ	마지메다	성실하다
まっかだ	真っ赤だ	마ㄱ까다	새빨갛다
まっくらだ	真っ暗だ	마ㄱ꾸라다	아주 캄캄하다
まっくろだ	真っ黒だ	마ㄱ꾸로다	새카맣다
まっしろだ	真っ白だ	마ㅅ시로다	새하얗다
まれだ	稀だ	마레다	드물다
まんぞくだ	満足だ	마ㄴ조꾸다	만족스럽다
みごとだ	見事だ	미고또다	훌륭하다, 멋지다
みじめだ	惨めだ	미지메다	비참하다, 참혹하다
むくちだ	無口だ	무꾸치다	과묵하다
むだだ	無駄だ	무다다	쓸데없다, 헛되다
むちゅうだ	夢中だ	무츄-다	몰두하다
むりだ	無理だ	무리다	무리다
めいかくだ	明確だ	메ー까꾸다	명확하다

일본어	한자	발음	뜻
めいわくだ	迷惑だ	메-와꾸다	귀찮다
めんどうだ	面倒だ	멘-도-다	귀찮다, 성가시다
やわらかだ	柔らかだ	야와라까다	부드럽다, 포근하다
ゆうめいだ	有名だ	유-메-다	유명하다
ゆたかだ	豊かだ	유따까다	풍부하다, 풍족하다
よういだ	容易だ	요-이다	손쉽다, 용이하다
らくだ	楽だ	라꾸다	편안하다
りこうだ	利口だ	리꼬-다	영리하다, 똑똑하다
りっぱだ	立派だ	리ㅂ빠다	훌륭하다
わがままだ		와가마마다	제멋대로 굴다, 버릇없다

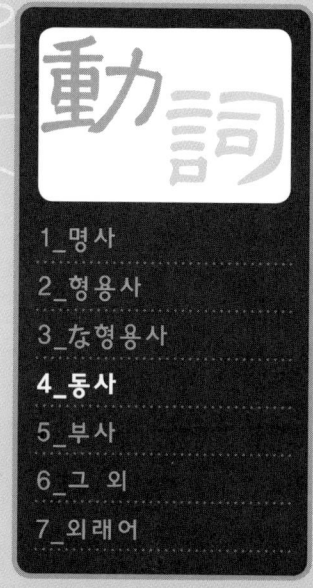

動詞

1_명사
2_형용사
3_な형용사
4_동사
5_부사
6_그 외
7_외래어

あ

일본어	한자	발음	뜻
あいする	愛する	아이스루	사랑하다
あう	会う	아우	만나다
あう	合う	아우	맞다, 합쳐지다
あがる	上がる	아가루	오르다, 올라가다
あきらめる	諦める	아끼라메루	포기하다, 체념하다
あく	開く	아꾸	열리다
あく	空く	아꾸	비다
あける	開ける	아께루	열다
あげる	上げる	아게루	올리다
あげる		아게루	드리다
あこがれる	憧れる	아꼬가레루	동경하다
あじわう	味わう	아지와우	맛보다, 음미하다
あずかる	預かる	아즈까루	맡다, 보관하다
あずける	預ける	아즈께루	맡기다
あそぶ	遊ぶ	아소부	놀다
あたえる	与える	아따에루	주다

일본어	한자	발음	뜻
あたためる	温める	아따따메루	데우다
あたる	当る	아따루	맞다, 부딪치다
あつかう	扱う	아쯔까우	다루다, 취급하다
あつまる	集まる	아쯔마루	모이다
あつめる	集める	아쯔메루	모으다
あびる	浴びる	아비루	(물을) 끼얹다
あふれる	溢れる	아후레루	넘치다, 넘쳐흐르다
あやまる	謝る	아야마루	빌다, 사과하다
あらう	洗う	아라우	씻다
あらそう	争う	아라소우	다투다
あらわす	表す	아라와스	나타내다, 표현하다
ある		아루	있다
あるく	歩く	아루꾸	걷다
あわせる	合わせる	아와세루	맞추다, 모으다
いう	言う	이우	말하다
いきる	生きる	이끼루	살다

일본어	한자	발음	뜻
いく	行く	이꾸	가다
いじめる		이지메루	괴롭히다
いそぐ	急ぐ	이소구	서두르다
いたす	致す	이따스	하다(겸양어)
いただく	頂く	이따다꾸	받다(겸양어)
いたむ	痛む	이따무	아프다
いためる	炒める	이따메루	볶다
いのる	祈る	이노루	기도하다
いらっしゃる		이라ㅅ샤루	계시다
いる		이루	있다
いる	要る	이루	필요하다
いれる	入れる	이레루	넣다
いわう	祝う	이와우	축하하다
うえる	植える	우에루	심다
うかがう	伺う	우까가우	삼가듣다, 여쭙다
うかがう	伺う	우까가우	찾아뵙다

일본어	한자	발음	뜻
うかぶ	浮かぶ	우까부	뜨다
うかべる	浮かべる	우까베루	띄우다
うかる	受かる	우까루	합격하다
うけとる	受け取る	우께또루	받다
うける	受ける	우께루	받다
うごかす	動かす	우고까스	움직이다
うごく	動く	우고꾸	움직이다
うしなう	失う	우시나우	잃다, 잃어버리다
うたう	歌う	우따우	노래하다
うたがう	疑う	우따가우	의심하다
うつ	打つ	우츠	치다
うつす	移す	우츠스	옮기다
うつる	移る	우츠루	옮아가다, 바뀌다
うながす	促す	우나가스	재촉하다
うまれる	生まれる	우마레루	태어나다
うむ	産む	우무	낳다

うらぎる / 우라기루	裏切る / 배신하다	うらむ / 우라무	恨む / 원망하다
うる / 우루	売る / 팔다	うれる / 우레루	売れる / 팔리다
うれる / 우레루	熟れる / 익다, 무르익다	えがく / 에가꾸	描く / 그리다
えらぶ / 에라부	選ぶ / 고르다	える / 에루	得る / 얻다
おう / 오우	負う / 짊어지다, 업다	おう / 오우	追う / 쫓다, 따르다
おえる / 오에루	終える / 끝내다, 마치다	おおう / 오오우	覆う / 덮다
おきる / 오끼루	起きる / 일어나다	おく / 오꾸	置く / 두다
おくる / 오꾸루	送る / 보내다	おくれる / 오꾸레루	遅れる / 늦어지다

おこす	起こす	오꼬스	깨우다, 일으키다
おこなう	行う	오꼬나우	행하다
おこる	怒る	오꼬루	화내다, 노하다
おごる		오고루	한턱내다
おしえる	教える	오시에루	가르치다
おじゃまする	お邪魔する	오쟈마스루	방문하다
おす	押す	오스	밀다, 누르다
おちつく		오치츠꾸	차분해지다
おちる	落ちる	오치루	떨어지다
おっしゃる		오ㅅ샤루	말씀하시다
おとす	落とす	오또스	떨어뜨리다
おどる	踊る	오도루	춤추다
おどろく	驚く	오도로꾸	놀라다
おぼえる	覚える	오보에루	외우다
おぼれる	溺れる	오보레루	물에 빠지다
おもいだす	思い出す	오모이다스	생각나다, 생각해내다

일본어	발음	뜻	일본어	발음	뜻
おもう (思う)	오모우	생각하다	およぐ (泳ぐ)	오요구	헤엄치다, 수영하다
おりる (下りる)	오리루	내리다, 내려오다	おりる (降りる)	오리루	내리다
おる	오루	있다(겸양어)	おる (折る)	오루	꺾다, 접다
おれる (折れる)	오레루	접히다, 꺾이다	おわる (終わる)	오와루	끝나다
かう (買う)	가우	사다	かえす (返す)	가에스	되돌리다
かえる (帰る)	가에루	돌아가다	かえる (変える)	가에루	바꾸다
かかえる (抱える)	가까에루	안다, 껴안다	かがやく (輝く)	가가야꾸	빛나다, 반짝이다
かかる (掛かる)	가까루	걸리다	かかる	가까루	(시간이) 걸리다

일본어	한자	발음	뜻
かく	書く	가꾸	쓰다
かく	描く	가꾸	그리다
かぐ	嗅ぐ	가구	(냄새를) 맡다
かくす	隠す	가꾸스	숨기다, 감추다
かくれる	隠れる	가꾸레루	숨다
かける	掛ける	가께루	걸다
かける		가께루	(안경을) 쓰다
かける		가께루	(전화를) 걸다
かける		가께루	(걱정을) 끼치다
かける	欠ける	가께루	결여되다
かさねる	重ねる	가사네루	겹치다, 포개다
かざる	飾る	가자루	장식하다, 꾸미다
かす	貸す	가스	빌려주다
かせぐ	稼ぐ	가세구	벌다
かぞえる	数える	가조에루	세다
かたづける	片付ける	가따즈께루	치우다, 정리하다

일본어	한자	발음	뜻
かたむく	傾く	가따무꾸	기울다
かたむける	傾ける	가따무께루	기울이다
かつ	勝つ	가츠	이기다
がっかりする		가ㄱ까리스루	낙심하다
かなしむ	悲しむ	가니시무	슬퍼하다
かぶる	被る	가부루	(모자를) 쓰다
かまう	構う	가마우	상관하다, 마음쓰다
かむ	噛む	가무	씹다, 물다, 깨물다
かよう	通う	가요우	다니다
からかう		가라까우	조롱하다
かりる	借りる	가리루	빌리다
かわく	渇く	가와꾸	목마르다, 갈증나다
かわく	乾く	가와꾸	마르다, 건조하다
かわる	変わる	가와루	바뀌다, 변하다
かわる	代わる	가와루	대신하다
かんがえる	考える	가ㅇ가에루	생각하다

일본어	한자	발음	뜻
かんじる	感じる	가ㄴ지루	느끼다
がんばる	頑張る	가ㅁ바루	노력하다, 분발하다
きえる	消える	기에루	없어지다, 사라지다
きがえる	着替える	기가에루	갈아입다
きく	聞く	기꾸	듣다
きく	効く	기꾸	효과가 있다
きこえる	聞こえる	기꼬에루	들리다
きずく	築く	기즈꾸	쌓다, 구축하다
きずつく	傷付く	기즈츠꾸	상처 입다, 다치다
きずつける	傷付ける	기즈츠께루	상처 주다
きづく	気づく	기즈꾸	깨닫다, 눈치채다
きまる	決まる	기마루	정해지다
きめる	決める	기메루	정하다
きらう	嫌う	기라우	싫어하다
きる	切る	기루	자르다
きる	着る	기루	입다

일본어	발음	한국어	일본어	발음	한국어
きれる	切れる	끊어지다, 잘리다	くずす	崩す	무너뜨리다
	기레루			구즈스	
くずれる	崩れる	무너지다	くださる	下さる	주시다
	구즈레루			구다사루	
くたびれる		지치다, 낡아빠지다	くばる	配る	나누어주다, 배부하다
	구따비레루			구바루	
くもる	曇る	흐리다	くらす	暮らす	살다, 날을 보내다
	구모루			구라스	
くらべる	比べる	비교하다	くる	来る	오다
	구라베루			구루	
くるう	狂う	미치다, 돌다	くるしむ	苦しむ	괴로워하다
	구루우			구루시무	
くれる		주다	くれる	暮れる	저물다
	구레루			구레루	
けす	消す	끄다, 지우다	けずる	削る	깎다
	게스			게즈루	

ける (게루)	蹴る	차다, 걷어차다
こおる (고-루)	凍る	얼다
こたえる (고따에루)	答える	대답하다
こむ (고무)	込む	붐비다, 혼잡하다
ころす (고로스)	殺す	죽이다
こわがる (고와가루)	怖がる	무서워하다, 두려워하다
こわれる (고와레루)	壊れる	깨지다, 고장나다
さがる (사가루)	下がる	내려가다, 떨어지다
こえる (고에루)	越える	넘다
こころみる (고꼬로미루)	試みる	시도하다
こまる (고마루)	困る	곤란하다, 난처해지다
ころがる (고로가루)	転がる	구르다, 넘어지다
ころぶ (고로부)	転ぶ	넘어지다, 구르다
こわす (고와스)	壊す	부수다, 망치다
さがす (사가스)	探す	찾다
さく (사꾸)	咲く	(꽃이) 피다

일본어	한자	발음	뜻
さけぶ	叫ぶ	사께부	외치다, 부르짖다
さげる	下げる	사게루	내리다
さす	指す	사스	가리키다
さす	差す	사스	비치다, (우산을) 쓰다
さめる	冷める	사메루	식히다
さわぐ	騒ぐ	사와구	떠들다
さわる	触る	사와루	만지다, 닿다
しかる	叱る	시까루	혼내다, 꾸짖다
しく	敷く	시꾸	깔다
しぬ	死ぬ	시누	죽다
しはらう	支払う	시하라우	지불하다
しまる	閉まる	시마루	닫히다
しめす	示す	시메스	나타내다
しめる	閉める	시메루	닫다
しゃべる	喋る	샤베루	지껄이다, 수다 떨다
しらせる	知らせる	시라세루	알리다

일본어	한자	발음	뜻
しらべる	調べる	시라베루	조사하다, 알아보다
しんじる	信じる	시ㄴ지루	믿다
すぎる	過ぎる	스기루	지나다, 지나가다
すくう	救う	스꾸우	구하다
すごす	過ごす	스고스	보내다, 지내다
すてる	捨てる	스떼루	버리다
すむ	住む	스무	살다
する		스루	하다
しる	知る	시루	알다
すう	吸う	스우	들이쉬다, (담배를) 피우다
すく	空く	스꾸	비다, (배가) 고프다
すぐれる	優れる	스구레루	뛰어나다
すすむ	進む	스스무	나아가다
すべる	滑る	스베루	미끄러지다
すむ	済む	스무	끝나다, 해결되다
すわる	座る	스와루	앉다

た

일본어	발음	한자	뜻
そだつ	소다츠	育つ	자라다
そだてる	소다떼루	育てる	기르다, 키우다
たおれる	다오레루	倒れる	넘어지다, 쓰러지다
だく	다꾸	抱く	안다, 품다
たしかめる	다시까메루	確かめる	확인하다
たす	다스	足す	더하다
だす	다스	出す	꺼내다, 내다
たすける	다스께루	助ける	살리다
たずねる	다즈네루	尋ねる	묻다, 찾다
たずねる	다즈네루	訪ねる	방문하다
たたかう	다따까우	戦う	싸우다
たたく	다따꾸	叩く	두드리다, 치다
たつ	다츠	立つ	서다
たてる	다떼루	建てる	세우다, 짓다
たのしむ	다노시무	楽しむ	즐기다
たのむ	다노무	頼む	부탁하다

일본어	한자	발음	뜻
たべる	食べる	다베루	먹다
たもつ	保つ	다모츠	유지하다
たりる	足りる	다리루	족하다, 충분하다
ちる	散る	치루	떨어지다, 흩어지다
つかう	使う	츠까우	사용하다
つかれる	疲れる	츠까레루	피곤하다, 피로하다
つく	付く	츠꾸	달라붙다
つく	着く	츠꾸	도착하다
ためす	試す	다메스	시험하다
たよる	頼る	다요루	의지하다
ちがう	違う	치가우	다르다, 틀리다
つうじる	通じる	츠-지루	통하다
つかまえる	捕まえる	츠까마에루	잡다, 붙잡다
つきあう	付き合う	츠끼아우	사귀다
つく	点く	츠꾸	(불이) 켜지다
つくる	作る	츠꾸루	만들다

일본어	한자	한국어	일본어	한자	한국어
つける (츠께루)	付ける	붙이다, 달다	つける (츠께루)	点ける	(불을) 켜다
つたえる (츠따에루)	伝える	전하다	つづく (츠즈꾸)	続く	계속되다
つづける (츠즈께루)	続ける	계속하다	つつむ (츠츠무)	包む	싸다, 포장하다
つとめる (츠또메루)	勤める	근무하다	つれる (츠레루)	連れる	데리고 가다, 데리고 오다
でかける (데까께루)	出かける	외출하다	できる (데끼루)		할 수 있다
できる (데끼루)	出来る	생기다	てつだう (데츠다우)	手伝う	돕다
でる (데루)	出る	나가다	とう (도우)	問う	묻다, 질문하다
とおす (도ー스)	通す	통하게 하다	とおる (도ー루)	通る	통과하다

일본어	발음	한자	뜻
とく	도꾸	解く	풀다
とじる	도지루	閉じる	닫다
とどく	도도꾸	届く	닿다, 도달하다
とどける	도도께루	届ける	닿게 하다, 신고하다
ととのえる	도또노에루	整える	가지런히 하다, 정돈하다
とぶ	도부	飛ぶ	날다
とまる	도마루	止まる	서다
とまる	도마루	泊まる	숙박하다
とめる	도메루	止める	세우다, 멈추다
ともなう	도모나우	伴う	함께 하다, 수반하다
とらえる	도라에루	捕らえる	잡다, 붙잡다
とりかえる	도리까에루	取り替える	바꾸다, 교환하다
とりけす	도리께스	取り消す	취소하다
とる	도루	取る	잡다, 취하다
とる	도루	撮る	(사진을) 찍다
なおす	나오스	直す	고치다, 바로잡다

なおる (나오루)	直る	고쳐지다
なおる (나오루)	治る	치료되다, 낫다
ながれる (나가레루)	流れる	흐르다
なく (나꾸)	泣く	울다
なく (나꾸)	鳴く	(짐승이) 울다
なぐさめる (나구사메루)	慰める	위로하다
なくす (나꾸스)	無くす	없애다, 잃다
なくなる (나꾸나루)	無くなる	없어지다
なくなる (나꾸나루)	亡くなる	돌아가다
なぐる (나구루)	殴る	치다, 때리다
なげる (나게루)	投げる	던지다
なさる (나사루)		하시다
なやむ (나야무)	悩む	고민하다, 괴로워하다
ならう (나라우)	習う	배우다, 익히다
ならぶ (나라부)	並ぶ	줄서다, 늘어서다
ならべる (나라베루)	並べる	나란히 세우다

일본어	한자	발음	뜻
なる		나루	되다
なる	鳴る	나루	울다
なれる	慣れる	나레루	익숙해지다, 길들다
にあう	似合う	니아우	어울리다, 잘 맞다
にくむ	憎む	니꾸무	미워하다, 증오하다
にげる	逃げる	니게루	도망가다, 달아나다
につめる	煮詰める	니츠메루	조리다
にる	似る	니루	닮다
にる	煮る	니루	삶다, 끓이다
ぬう	縫う	누우	꿰매다, 깁다
ぬく	抜く	누꾸	뽑다, 빼다
ぬぐ	脱ぐ	누구	벗다
ぬぐう	拭う	누구우	닦다
ぬすむ	盗む	누스무	훔치다
ぬる	塗る	누루	바르다, 칠하다
ぬれる	濡れる	누레루	젖다

ねがう	願う	네가우	바라다, 기원하다
ねむる	眠る	네무루	자다, 잠들다
ねる	寝る	네루	자다
のこす	残す	노꼬스	남기다
のこる	残る	노꼬루	남다
のせる	載せる	노세루	싣다, 얹다
のぞく	除く	노조꾸	제거하다
のぞむ	望む	노조무	바라다, 원하다
のばす	延ばす	노바스	연장하다, 미루다
のべる	述べる	노베루	말하다
のぼる	上る	노보루	오르다, 올라가다
のぼる	登る	노보루	오르다
のむ	飲む	노무	마시다
のりかえる	乗り換える	노리까에루	갈아타다
のりこえる	乗り越える	노리꼬에루	극복하다
のる	乗る	노루	타다

はいる	入る	하이루	들어가다
はかる	計る	하까루	측정하다
はかる	量る	하까루	재다
はく	履く	하꾸	신다
はく	吐く	하꾸	토하다
はこぶ	運ぶ	하꼬부	옮기다, 나르다
はさむ	挟む	하사무	끼우다
はじまる	始まる	하지마루	시작되다
はじめる	始める	하지메루	시작하다
はしる	走る	하시루	달리다
はずす	外す	하즈스	떼다
はずれる	外れる	하즈레루	빠지다
はたす	果たす	하따스	완수하다
はたらく	働く	하따라꾸	일하다
はなす	話す	하나스	이야기하다
はなれる	離れる	하나레루	떨어지다, 떠나다

はやる / 하야루		유행하다
はらう / 하라우	払う	지불하다, 치르다
はる / 하루	貼る	붙이다
はれる / 하레루	晴れる	개다, 맑다
ひえる / 히에루	冷える	식다, 차가워지다
ひかる / 히까루	光る	빛나다
ひく / 히꾸	引く	당기다, 끌다
ひく / 히꾸	弾く	(피아노를) 치다, 켜다
びっくりする / 빗꾸리스루		깜짝 놀라다
ひっこす / 힉꼬스	引っ越す	이사하다
ひっぱる / 힙빠루	引っ張る	잡아당기다
ひびく / 히비꾸	響く	울리다, 울려 퍼지다
ひらく / 히라꾸	開く	열다, 열리다
ひろう / 히로우	拾う	줍다
ひろがる / 히로가루	広がる	넓어지다, 퍼지다
ふえる / 후에루	増える	늘다, 늘어나다

일본어	한자	뜻	일본어	한자	뜻
ふく (후꾸)	吹く	(바람이) 불다	ふく (후꾸)	拭く	닦다, 훔치다
ふくむ (후꾸무)	含む	포함하다	ふせぐ (후세구)	防ぐ	막다, 방지하다
ふとる (후또루)	太る	살찌다	ふむ (후무)	踏む	밟다
ふやす (후야스)	増やす	늘리다	ふられる (후라레루)		(이성에게) 차이다
ふる (후루)	降る	(비, 눈이) 내리다	ふるえる (후루에루)	震える	흔들리다, 떨다
へる (헤루)	減る	줄다	ほほえむ (호호에무)	微笑む	미소짓다
ほめる (호메루)	誉める	칭찬하다	ほれる (호레루)	惚れる	반하다
まいる (마이루)	参る	가다, 오다 (겸양어)	まう (마우)	舞う	춤추다, 흩날리다

155

まがる	曲がる	まく	巻く
마가루	구부러지다, 굽다	마꾸	감다, 말다

まける	負ける	まける	
마께루	지다, 패하다	마께루	깎다

まげる	曲げる	まぜる	混ぜる
마게루	구부리다	마제루	섞다

まちがう	間違う	まちがえる	間違える
마치가우	잘못되다, 틀리다	마치가에루	틀리다

まつ	待つ	まなぶ	学ぶ
마츠	기다리다	마나부	배우다

まにあう	間に合う	まもる	守る
마니아우	소용이 되다, 시간에 맞추다	마모루	지키다

まよう	迷う	まわる	回る
마요우	헤매다, 망설이다	마와루	돌다

みえる	見える	みおくる	見送る
미에루	보이다	미오꾸루	배웅하다

일본어	한자	발음	뜻
みがく	磨く	미가꾸	닦다
みちびく	導く	미치비꾸	이끌다, 인도하다
みつける	見つける	미츠께루	발견하다, 찾다
みのる	実る	미노루	여물다, 열매 맺다
むかう	向かう	무까우	향하다
むく		무꾸	벗기다, 까다
むすぶ	結ぶ	무스부	매다, 맺다
めざす	目指す	메자스	지향하다, 목표로 하다
みせる	見せる	미세루	보여주다
みつかる	見つかる	미츠까루	발견되다
みつめる	見つめる	미츠메루	응시하다, 쳐다보다
みる	見る	미루	보다
むかえる	迎える	무까에루	맞이하다, 맞다
むす	蒸す	무스	찌다
むらがる	群がる	무라가루	떼지어 모이다
もうかる	儲かる	모-까루	벌이가 되다

일본어	한자	발음	뜻
もうける	儲ける	모-께루	벌다
もうす	申す	모-스	말씀드리다
もえる	燃える	모에루	타다
もつ	持つ	모츠	가지다, 들다
もとめる	求める	모또메루	구하다, 바라다
もどる	戻る	모도루	되돌아가다, 되돌아오다
もらう		모라우	받다
やく	焼く	야꾸	굽다
やくだつ	役立つ	야꾸다츠	유용하다
やける	焼ける	야께루	타다, 구워지다
やすむ	休む	야스무	쉬다
やせる		야세루	마르다, 여위다
やむ	止む	야무	그치다, 멎다
やめる		야메루	그만두다
やる		야루	하다
やる		야루	주다

일본어	한자	발음	뜻
ゆがく		유가꾸	데치다
ゆでる	茹でる	유데루	삶다
ゆれる	揺れる	유레루	흔들리다
よごれる	汚れる	요고레루	더러워지다
よぶ	呼ぶ	요부	부르다
よる	寄る	요루	들르다
わかす	沸かす	와까스	끓이다, 데우다
わかれる	別れる	와까레루	헤어지다
ゆく	行く	유꾸	가다
ゆるす	許す	유루스	허가하다, 용서하다
よう	酔う	요우	취하다
よっぱらう	酔っ払う	요쁘빠라우	만취하다
よむ	読む	요무	읽다
よろこぶ	喜ぶ	요로꼬부	기뻐하다
わかる	分かる	와까루	알다
わく	沸く	와꾸	끓다

일본어	뜻	일본어	뜻
わける (와께루)	分ける 나누다, 가르다	**わすれる** (와스레루)	忘れる 잊다
わたす (와따스)	渡す 건네다, 넘기다	**わたる** (와따루)	渡る 건너다
わらう (와라우)	笑う 웃다	**われる** (와레루)	割れる 갈라지다, 깨지다

1_명사
2_형용사
3_な형용사
4_동사
5_부사
6_그 외
7_외래어

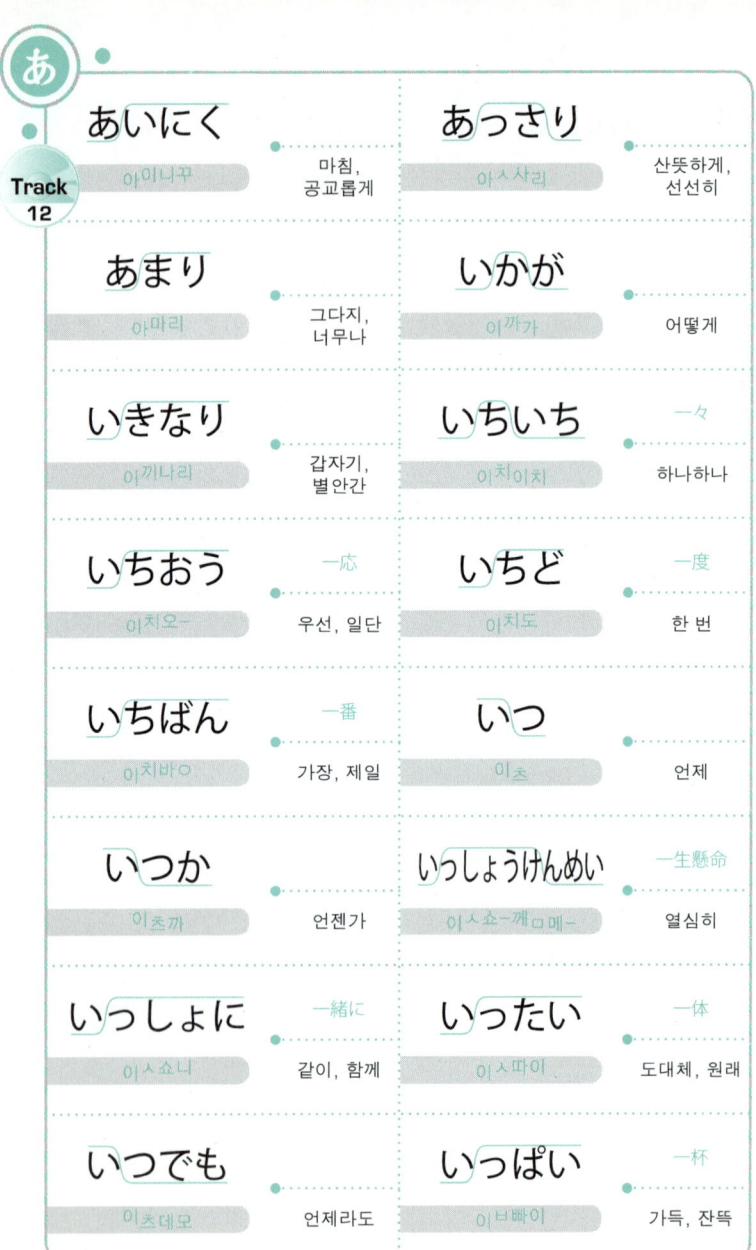

일본어	한자	발음	뜻
あいにく		아이니꾸	마침, 공교롭게
あっさり		아ㅅ사리	산뜻하게, 선선히
あまり		아마리	그다지, 너무나
いかが		이까가	어떻게
いきなり		이끼나라	갑자기, 별안간
いちいち	一々	이치이치	하나하나
いちおう	一応	이치오-	우선, 일단
いちど	一度	이치도	한 번
いちばん	一番	이치바ㅇ	가장, 제일
いつ		이츠	언제
いつか		이츠까	언젠가
いっしょうけんめい	一生懸命	이ㅅ쇼-께ㅁ메-	열심히
いっしょに	一緒に	이ㅅ쇼니	같이, 함께
いったい	一体	이ㅅ따이	도대체, 원래
いつでも		이츠데모	언제라도
いっぱい	一杯	이ㅂ빠이	가득, 잔뜩

일본어	한자	발음	뜻
いっぱんに	一般に	이ㅂ빤니	일반적으로
いっぽう	一方	이ㅂ뽀ー	한편, 한쪽
いつまで		이츠마데	언제까지
いつも		이츠모	항상, 늘
いよいよ		이요이요	점점, 더욱더, 드디어
いらいら		이라이라	안달, 조마조마
いろいろ	色々	이로이로	여러 가지
うっかり		우ㄱ까리	깜빡, 무심코
おもいきり	思い切り	오모이끼리	마음껏, 힘껏
かえって		가에ㅅ떼	오히려
かならず	必ず	가나라즈	반드시, 꼭
かならずしも	必ずしも	가나라즈시모	결코
かなり		가나리	꽤, 제법
きっと		기ㅅ또	꼭, 반드시
きゅうに	急に	큐ー니	갑자기
ぐうぜん	偶然	구ー젠ㅇ	우연히

163

さ

けっこう 結構 게ㄱ꼬-	꽤, 제법	**けっして** 決して 게ㅅ시떼	결코
ざあざあ 자-자-	쏴아쏴아	**さっき** 사ㄱ끼	아까, 앞서
さっそく 早速 사ㅅ소꾸	즉시, 곧	**さっぱり** 사ㅂ빠리	산뜻이, 시원히
さらに 사라니	더욱더	**しだいに** 次第に 시다이니	차츰, 점차
しっかり 시ㄱ까리	꼭, 꽉, 단단히	**じつに** 実に 지츠니	실로, 참으로
しばらく 시바라꾸	잠깐, 잠시	**しょうしょう** 少々 쇼-쇼-	잠시만, 잠깐
じゅうぶん 充分 쥬-부ㄴ	충분히	**ずいぶん** 즈이부ㄴ	아주, 몹시
すぐ 스구	곧, 바로	**すぐに** 直ぐ 스구니	곧, 즉시

일본어	한자	발음	뜻
すこし	少し	스꼬시	조금
すっかり		스까리	모두, 완전히, 죄다
ずっと		즈ㅅ또	훨씬, 쭉, 내내
すでに	既に	스데니	이미, 벌써
すべて		스베떼	모두
せっかく		세ㄱ까꾸	모처럼, 애써
ぜったいに	絶対に	제ㅅ따이니	절대로
ぜひ	是非	제히	제발, 부디
ぜんぜん	全然	젠젠	전혀, 전연
そうとう	相当	소-또-	상당히
そっくり		소ㄱ꾸리	전부, 그대로, 꼭 닮음
そっと		소ㅅ또	살짝
それほど	それ程	소레호도	그렇게, 그다지
そろそろ		소로소로	슬슬, 이제 곧
そんなに		손나니	그렇게, 그토록
だいいち	第一	다이이치	제일, 첫째

た

부사

일본어	한자	발음	뜻
だいたい	大体	다이따이	대체로, 대부분
たいてい	大抵	다이떼—	대강, 대체로
だいぶ	大分	다이부	꽤, 상당히
たいへん	大変	다이헤○	매우, 대단히
たくさん		다ㄱ사○	많이
たしか	確か	다시까	분명, 확실히
ただ		다다	다만
たっぷり		다ㅂ뿌리	듬뿍, 잔뜩
たとえば	例えば	다또에바	예를 들면, 이를테면
たぶん	多分	다부ㄴ	아마, 아마도
たまたま		다마따마	우연히, 가끔
たまに		다마니	가끔, 가끔씩
だんだん	段々	다ㄴ다ㄴ	점점, 차츰
ちっとも		치ㅅ또모	조금도
ちゃんと		챠ㄴ또	정확히, 분명히
ちょうど		쵸—도	꼭, 딱

166

ちょくせつ	쵸ㄱ세츠	直接	직접
ちょっと	쵸ㅅ또		조금
ついに	츠이니	遂に	드디어, 마침내
つねに	츠네니	常に	항상, 늘
つまり	츠마리		즉, 결국
どうして	도―시떼		왜, 어째서
どうしても	도―시떼모		무슨 일이 있어도, 꼭
どうせ	도―세		어차피, 하여간
どうぞ	도―조		아무쪼록, 부디
とうてい	도―떼―	到底	도저히, 아무리 해도
とうとう	도―또―		드디어, 마침내
どうにか	도―니까		그럭저럭, 겨우겨우
どうも	도―모		대단히, 아무래도
どうやら	도―야라		그럭저럭, 간신히
ときどき	도끼도끼	時々	때때로, 가끔
どきどき	도끼도끼		두근두근

일본어	한자	발음	뜻
とくに	特に	도꾸니	특히
とつぜん	突然	도츠젠	갑자기, 돌연
とても		도떼모	매우, 아주
とにかく		도니까꾸	어쨌든, 여하튼
ともに	共に	도모니	함께, 더불어
とりあえず	取り敢えず	도리아에즈	우선, 먼저
どんどん		도ㄴ도ㄴ	척척, 착착, 술술
なお		나오	역시, 더욱
なかなか		나까나까	상당히, 좀처럼
なぜ	何故	나제	왜, 어째서
なにもかも	何もかも	나니모까모	모조리
なるべく		나루베꾸	되도록, 가능한 한
なるほど		나루호도	과연, 정말, 참으로
なんだか	何だか	나ㄴ다까	어쩐지, 왠지
なんとなく	何となく	나ㄴ또나꾸	어쩐지
にこにこ		니꼬니꼬	싱글싱글, 싱글벙글

は

일본어	한자	발음	뜻
はじめて	初めて	하지메떼	처음으로, 비로소
はっきり		하ㄱ끼리	분명히
ひじょうに	非常に	히죠-니	굉장히, 대단히
ふだん	普段	후단ㅇ	보통, 평상시
ふつう	普通	후츠-	보통, 대개
べつに	別に	베츠니	별로, 특별히
ぺらぺら		뻬라뻬라	유창히
ほっと		호ㅅ또	후유
ほとんど		호또ㄴ도	거의, 대부분

ま

일본어	한자	발음	뜻
まさか		마사까	설마
まず		마즈	우선, 먼저
ますます		마스마스	점점 더, 더욱더
また		마따	다시
まだ		마다	아직
まっすぐ	真っ直ぐ	마ㅅ스구	곧장, 똑바로
まもなく	間もなく	마모나꾸	머지않아, 곧

일본어	한자	발음	뜻
まるで		마루데	마치
みずから	自ら	미즈까라	스스로, 몸소
もう		모-	이제, 벌써
もし		모시	만약, 만일
もちろん	勿論	모치로ㅇ	물론
もっと		모ㅅ또	더, 더욱
もっとも	最も	모ㅅ또모	가장
もともと	元々	모또모또	원래, 본래
やっと		야ㅅ또	겨우, 간신히
やっぱり		야ㅂ빠리	역시
やはり		야하리	역시
ゆっくり		유ㄱ꾸리	천천히
ようやく		요-야꾸	겨우
よく		요꾸	잘, 자주
わくわく		와꾸와꾸	두근두근

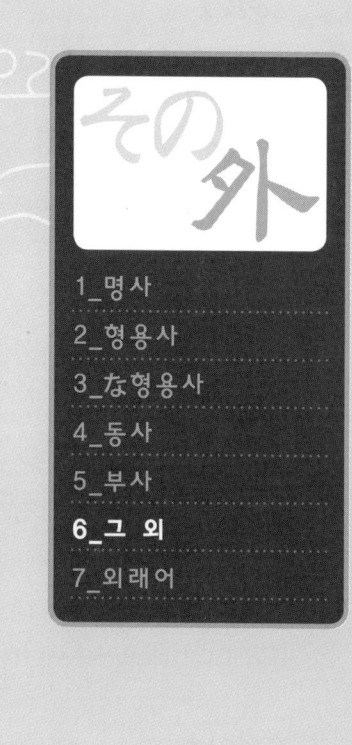

1_명사
2_형용사
3_な형용사
4_동사
5_부사
6_그 외
7_외래어

あ

あの	아노	저, 그
あら	아라	어머, 어머나
あれ	아레	어, 어머나
いいえ	이-에	아니오
いや	이야	아니
うち	우치	중
うん	웅	응, 그래
ええ	에-	예
ええと	에-또	저, 그러니까
えっ	엣	응?

か

おかげ	오까게	덕분, 덕택
かぎり (限り)	가기리	한
けど	게도	그러나, 하지만
けれど	게레도	그러나, 하지만
けれども	게레도모	그러나, 하지만
この	고노	이

これから	고레까라	앞으로
さあ	사-	자, 글쎄
しかし	시까시	그러나, 그렇지만
しかも	시까모	더구나, 게다가
じゃあ	쟈-	그러면, 그럼
すなわち	스나와치	즉
すると	스루또	그러면, 그러자
せい	세-	탓, 때문
そう	소우	그렇게
そうして	소-시떼	그래서, 그리고
そして	소시떼	그리고, 그래서
その	소노	그
それから	소레까라	그리고, 그리고 나서
それで	소레데	그래서
それでは	소레데와	그러면, 그렇다면
それでも	소레데모	그래도

た

それなら	소레나라	그러면, 그렇다면
それに	소레니	게다가, 더욱이
だが	다가	그러나
だから	다까라	그러니까
だけど	다께도	그러나
つもり	츠모리	작정, 생각
では	데와	그러면
でも	데모	그렇지만, 하지만
どう	도-	어떻게
ところで	도꼬로데	그런데, 그건 그렇고

な

どの	도노	어느
ねえ	네-	저기요

は

はい	하이	예, 네
はず	하즈	터, 리
ほう 方	호-	편, 쪽
ほら	호라	자, 이봐

もしもし

모시모시 · 여보세요

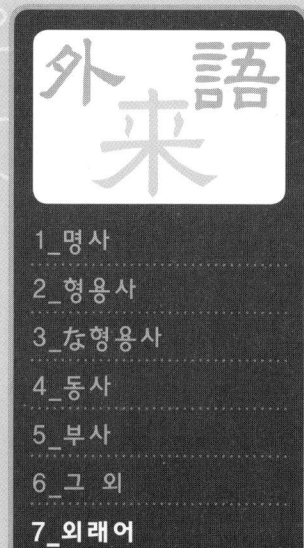

1_명사
2_형용사
3_な형용사
4_동사
5_부사
6_그 외
7_외래어

ア

日本語	英語	発音	韓国語
アーモンド	almond	아-모ㄴ도	아몬드
アイスクリーム	ice cream	아이스꾸리-무	아이스크림
アイスコーヒー	ice coffee	아이스꼬-히	아이스커피
アイディア	idea	아이디아	아이디어, 착상
アイロン	iron	아이로ㅇ	다리미
アクセサリー	accessory	아ㄱ세사리-	액세서리
アクセント	accent	아ㄱ세ㄴ또	악센트
アジア	Asia	아지아	아시아
アドバイス	advice	아도바이스	조언, 충고
アナウンサー	announcer	아나우ㄴ사-	아나운서
アニメ	animation	아니메	애니메이션, TV만화
アパート	apartment	아빠-또	맨션
アフリカ	Africa	아후리카	아프리카
アマチュア	amateur	아마츄아	아마추어
アメリカ	America	아메리카	미국
アルコール	alcohol	아루꼬-루	술, 알코올

일본어	발음	원어	한국어
アルバイト	아루바이토	Arbeit	아르바이트
アルバム	아루바무	album	앨범
アレルギー	아레루기-	Allergie	알레르기
アンケート	아ㅇ케-또	enquete	앙케트
アンテナ	아ㄴ떼나	antenna	안테나
イーメール	이-메-루	E-mail	이메일
イギリス	이기리스	Engles	영국
イタリア	이타리아	Italia	이탈리아
イヤリング	이야리ㅇ구	earring	귀걸이
インク	이ㅇ꾸	ink	잉크
インコ	이ㅇ꼬		잉꼬
インスタント	이ㄴ스따ㄴ또	instant	인스턴트
インターネット	이ㄴ따-네ㅅ또	Internet	인터넷
インタビュー	이ㄴ타뷰-	interview	인터뷰
イントネーション	이ㄴ토네-쇼ㅇ	intonation	인토네이션
ウイスキー	우이스끼-	whiskey	위스키

일본어	발음	영어	한국어
ウインドー	우인도-	window	윈도우
ウェーター	웨-타-	waiter	웨이터
ウェートレス	웨-토레스	waitress	웨이트리스
ウェルダン	웨루단	well-done	푹 익힌 것
ウォーキング	워-끼ㅇ구	walking	워킹
ウォン	워ㄴ	Won	원
エアコン	에아코ㅇ	air conditioner	냉난방기
エアポート	에아뽀-또	airport	공항
エスカレーター	에스까레-타-	escalator	에스컬레이터
エチケット	에치케ㅅ또	etiquette	에티켓
エッセイ	에ㅅ세-	essay	에세이, 수필
エネルギー	에네루기-	energy	에너지
エピソード	에피소-도	episode	에피소드
エプロン	에푸로ㅇ	apron	앞치마
エレベーター	에레베-타-	elevator	엘리베이터
エンジニア	에ㄴ지니아	engineer	기술자

일본어	발음	영어	한국어
エンジン	에ㄴ지ㅇ	engine	엔진
エンゼル	에ㄴ제루	angel	천사
オアシス	오아시스	oasis	오아시스
オーエル	오-에루	office lady	여회사원
オーダー	오-다-	order	주문
オートバイ	오-토바이	auto bicycle	오토바이
オーバー	오-바-	overcoat	오버코트
オーブン	오-부ㄴ	oven	오븐
オープン	오-뿌ㄴ	open	오픈
オセアニア	오세아니아	Oceania	오세아니아
オファー	오화-	offer	오퍼, 신청
オフィス	오휘스	office	오피스, 사무실
オペラ	오페라	opera	오페라
オムライス	오무라이스	ome rice	오므라이스
オランダ	오라ㄴ다	Olanda	네덜란드
オリンピック	오리ㅁ삐ㄱ구	Olympic	올림픽

カ

일본어	발음	영어	한국어
オレンジ	오레ㄴ지	orange	오렌지
オレンジジュース	오레ㄴ지쥬ー스	orange juice	오렌지주스
カー	카ー	car	카, 차
カーディガン	카ー디가ㄴ	cardigan	카디건
カーテン	카ー테ㅇ	curtain	커튼
ガーデン	카ー데ㅇ	garden	가든, 정원
カード	카ー도	card	카드
カーネーション	카ー네ー쇼ㅇ	carnation	카네이션
カーペット	카ー페ㅅ또	carpet	카펫
カウンター	카우ㄴ따ー	counter	카운터
カクテル	카ㄱ테루	cocktail	칵테일
カジノ	카지노	casino	카지노
カジュアル	카쥬아루	casual	캐주얼
ガス	가스	gas	가스
ガスレンジ	가스레ㄴ지	gas range	가스레인지
カセット	카세ㅅ또	cassette	카세트

ガソリン	가소리ㄴ	gasoline	휘발유
カップ	카ㅂ뿌	cup	컵 (손잡이 달린)
カバー	카바-	cover	커버
ガム	가무	gum	껌
カラオケ	카라오께	空オケ	가라오케
カルテ	카르테	Karte	진료기록부, 진료카드
カレー	카레-	curry	카레
カロリー	카로리-	calorie	칼로리
カット	카ㅅ또	cut	커트
カナダ	카나다	Canada	캐나다
カプセル	카프세루	capsule	캡슐
カメラ	카메라	camera	카메라
ガラス	가라스	glass	유리
カルビ	카루비		갈비
カレンダー	카레ㄴ다-	calendar	캘린더, 달력
カンニング	카ㄴ니구	cunning	커닝

일본어	발음	영어	한국어
キー	키-	key	키, 열쇠
キーボード	키-보-도	keyboard	키보드
キーホルダー	키-호루다	key holder	열쇠고리
キウイ	큐-이	kiwi	키위
キス	키스	kiss	키스
ギター	기따-	guitar	기타
キムチ	기무치		김치
キャベツ	캬베츠	cabbage	양배추
キャンセル	캰세루	cancel	취소
キャンディー	캰디-	candy	캔디, 사탕
ギョーザ	교-자	餃子	만두
ギリシャ	기리샤	Grecia	그리스
キリン	기리ㅇ		기린
キログラム	키로구라무	kilogram	킬로그램
キロメートル	키로에-토루	kilometre	킬로미터
グアム	구아무	Guam	괌

일본어	발음	영어	한국어
クイズ	쿠이즈	quiz	퀴즈
クーポン	쿠-포ㅇ	coupon	쿠폰
クーラー	쿠-라-	cooler	에어컨
クッキー	쿠ㄱ끼-	cookie	쿠키
クッション	쿠ㅅ쇼ㄴ	cushion	쿠션
グラウンド	구라우ㄴ도	ground	운동장
クラシック	쿠라시ㄱ꾸	classic	클래식
クラス	쿠라스	class	반
グラス	구라스	glass	잔, 글라스
クラスメート	쿠라스메-또	classmate	반친구
クラブ	쿠라부	club	클럽, 동호회
グラム	구라무	gram	그램
クリーム	쿠리-무	cream	크림
クリスマス	쿠리스마스	Christmas	크리스마스
クリック	쿠리ㄱ쿠	click	클릭
グルメ	구루매	gourmet	미식

일본어	영어	한글 발음	뜻
グレー	gray	구레ー	회색
グレープフルーツ	grapefruit	구레ー뿌후루ーㅊ	자몽
クローゼット	closet	쿠로ー제ㅅ또	옷장
ケーキ	cake	케ー끼	케이크
ケース	case	케ーㅅ	케이스
ゲート	gate	게ー또	게이트
ゲーム	game	게ー무	게임
ケチャップ	ketchup	케쨔ㅂ뿌	케첩
コアラ	koala	코아라	코알라
コイン	coin	코이ㄴ	코인, 동전
コース	course	코ーㅅ	코스
コート	coat	코ー또	코트
コーヒー	coffee	코ー히ー	커피
コーラ	cola	코ー라	콜라
ココア	cocoa	코꼬아	코코아
コスモス	cosmos	코ㅅ모ㅅ	코스모스

일본어	발음	영어	뜻
コック	코ㄱ꾸	cook	요리사
コップ	코ㅂ뿌	cup	컵 (손잡이 없는)
コピー	코삐-	copy	복사
コミュニケーション	코뮤니케-쇼ㄴ	communication	커뮤니케이션
ゴム	고무	gom	고무
ゴリラ	고리라	gorilla	고릴라
ゴルフ	고루후	golf	골프
コンサート	코ㄴ사-토	concert	콘서트
コンテスト	코ㄴ테스또	contest	콘테스트
コンビニ	코ㅁ비니	convenience store	편의점
コンピューター	코ㅁ쀼-타-	computer	컴퓨터
サービス	사-비스	service	서비스
サイズ	사이즈	size	사이즈
サイダー	사이다-	cider	사이다
サイト	사이토	site	사이트
サイレン	사이레ㄴ	siren	사이렌

日本語	発音	意味	日本語	発音	意味
サイン	사이ㄴ	사인	サウナ	사우나	사우나
サッカー	사ㄱ까-	축구	サボテン	사보떼ㅇ	선인장
サラダ	사라다	샐러드	サングラス	사ㅇ구라스	선글라스
サンダル	사ㄴ다루	샌들	サンドイッチ	사ㄴ도이ㅅ치	샌드위치
サンプル	사ㅁ푸루	샘플	シーソー	시-소-	시소
シーツ	시-츠	시트	シートベルト	시-토베루또	안전벨트
ジーパン	지-빠ㅇ	청바지	システム	시스떼무	시스템
ジッパー	지ㄴ빠-	지퍼	シャープペン	샤-뿌뻬ㅇ	샤프

일본어	발음	뜻	일본어	발음	뜻
ジャケット	쟈께ㅅ또	jacket / 재킷	ジャズ	쟈즈	jazz / 재즈
シャツ	샤츠	shirts / 셔츠	シャボン	샤보ㅇ	sabão / 비누
ジャム	쟈무	jam / 잼	シャワー	샤와-	shower / 샤워
ジャングル	쟈ㅇ구루	jungle / 정글, 밀림	シャンソン	샤ㄴ소ㅇ	chanson / 샹송
ジャンパー	쟈ㅁ빠-	jumper / 점퍼	シャンプー	샤ㅁ뿌-	shampoo / 샴푸
シャンペン	샤ㅁ뻬ㄴ	champagne / 샴페인	ジャンル	쟈ㅇ루	genre / 장르
ジュース	쥬-스	juice / 주스	ショー	쇼-	show / 쇼
ジョーク	죠-꾸	joke / 조크	シングル	시ㅇ구루	single / 싱글

일본어	발음	영어	뜻
スイス	스이스	Swiss	스위스
スイッチ	스이ㅅ치	switch	스위치
スイミング	스이미o구	swimming	수영
スーツ	스ーㅊ	suit	여성 정장
スーパー	스ー빠ー	supermarket	슈퍼마켓
スープ	스ー뿌	soup	수프
スカート	스카ー또	skirt	스커트, 치마
スカーフ	스카ー후	scarf	스카프
スキー	스끼ー	ski	스키
スケート	스께ー또	skate	스케이트
スケジュール	스께쥬ー루	schedule	스케줄, 일정
スター	스따ー	star	스타
スタート	스따ー또	start	스타트
スタイル	스따이루	style	스타일
スタジオ	스따지오	studio	스튜디오
スチュワーデス	스츄와ー데스	stewardess	스튜어디스

일본어	영어	한국어 발음	뜻
ステーキ	steak	스떼-끼	스테이크
ステレオ	stereo	스떼레오	오디오
ストア	store	스또아	스토어, 가게
ストーブ	stove	스또-부	스토브, 난로
ストレス	stress	스또레스	스트레스
スニーカー	sneakers	스니-까-	운동화
スパゲッティ	spaghetti	스빠게ㅅ띠	스파게티
スピーチ	speech	스삐-치	스피치, 연설
スピード	speed	스삐-도	스피드, 속도
スプーン	spoon	스뿌-ㄴ	스푼, 숟가락
スポーツ	sports	스뽀-츠	스포츠
ズボン	jupon	즈보ㄴ	바지
スリッパ	slippers	스리ㅂ빠	슬리퍼
セーター	sweater	세-따-	스웨터
セール	sale	세-루	세일
セックス	sex	세ㄱ고스	섹스

명사 / 형용사 / な형용사 / 동사 / 부사 / 그 외 / 외래어

ゼミ / 제미	seminar / 세미나	セルフサービス / 세루후사-비스	self-service / 셀프서비스
ゼロ / 제로	zero / 제로, 0	センス / 세ㄴ스	sense / 센스
センチ / 세ㄴ치	centi / 센티	ソウル / 소우루	서울
ソース / 소-스	sauce / 소스	ソーセージ / 소-세-지	sausage / 소시지
ソファー / 소화-	sofa / 소파	ターミナル / 타-미나루	terminal / 터미널
タイ / 타이	Thailand / 태국	ダイビング / 다이비ㅇ구	diving / 다이빙
タイヤ / 타이야	tire / 타이어	ダイヤ / 다이야	dia / 다이아
ダイヤモンド / 다이야모ㄴ도	diamond / 다이아몬드	ダイヤル / 다이야루	dial / 다이얼

일본어	발음	영어	한국어
タオル	타오루	towel	타월
タクシー	타ㄱ시ー	taxi	택시
ダブル	다부루	double	더블룸
タワー	타와ー	tower	타워, 탑
ダンス	다ㄴ스	dance	댄스, 춤
チーズ	치ー즈	cheese	치즈
チーム	치ー무	team	팀, 한패
チェック	체ㄱ꾸	check	체크
チキン	치끼ㅇ	chicken	치킨
チケット	치께ㅅ또	ticket	티켓
チップ	차ㅂ뿌	tip	팁
チャット	챠ㅅ또	chat	채팅
チャンス	챠ㄴ스	chance	찬스, 기회
チャンネル	챠ㄴ네루	channel	채널
チューリップ	츄ー리ㅂ뿌	tulip	튤립
チョーク	쵸ーㄲ	chalk	분필

일본어	발음	뜻	일본어	발음	뜻
チョコレート	쵸꼬레-또	chocolate 초콜릿	ツアー	츠아-	tour 투어, 관광 여행
ツイン	츠인	twin 트윈룸	ティーシャツ	티-샤츠	T-shirts 티셔츠
ティッシュ	티슈	tissue 티슈	データ	데-타	data 데이터
デート	데-또	date 데이트	テープ	테-쁘	tape 테이프
テーブル	테-부루	table 테이블	テープレコーダー	테-쁘레꼬-다-	tape recorder 녹음기
テキスト	테끼스또	text 교과서, 텍스트	デザート	데자-또	dessert 디저트, 후식
デザイナー	데자이나-	designer 디자이너	デザイン	데자이ㅇ	design 디자인
デジカメ	데지까메	digital camera 디카	テスト	테스또	test 테스트, 시험

일본어	발음	영어	뜻
テニス	테니스	tennis	테니스
デパート	데빠-또	department store	백화점
テラス	테라스	terrace	테라스, 베란다
テレビ	테레비	television	텔레비전
ドア	도아	door	문
ドイツ	도이츠	Deutsch	독일
トイレ	토이레	toilet	화장실
トースト	토-스또	toast	토스트
ドーナツ	도-나츠	doughnut	도넛
トマト	토마또	tomato	토마토
ドライブ	도라이부	drive	드라이브
ドライヤー	도라이야-	drier	드라이어
トラック	토라ㄱ꾸	truck	트럭
トラブル	토라부루	trouble	트러블
ドラマ	도라마	drama	드라마
トランプ	토라ㅁ뿌	trump	트럼프, 카드놀이

일본어	발음	뜻	일본어	발음	뜻
ドル	도루	dollar / 달러	トルコ	토루꼬	Turco / 터키
トレーナー	토레-나-	trainer / 운동복	ドレス	도레스	dress / 드레스
ドレッサー	도레ㅅ사-	dresser / 화장대	トンネル	토ㄴ네루	tunnel / 터널
ナイフ	나이후	knife / 칼	ナンバー	나ㅁ바-	number / 넘버
ニュース	뉴-스	news / 뉴스	ニューヨーク	뉴-요-꾸	New York / 뉴욕
ヌード	누-도	nude / 누드	ネイティブ	네이띠브	native / 모국의, 원어민
ネーム	네-무	name / 네임, 이름	ネクタイ	네ㄱ따이	necktie / 넥타이
ネックレス	네ㄱ꾸레스	necklace / 목걸이	ノート	노-토	note / 노트

ノートがたパソコン (ノート型パソコン)	노-토가따빠소꼬ㅇ	노트북
パーセント	파-세ㄴ또	퍼센트
パート	파-또	파트, 아르바이트
バーベキュー	바-베뀨-	바비큐
ハーモニカ	하-모니까	하모니카
ハイキング	하이키ㅇ구	하이킹
バイク	바이쿠	오토바이
パイロット	파이로ㅅ토	파일럿, 조종사
ノック	노ㄱ쿠	노크
パーティー	파-띠-	파티
パートナー	파-토나	파트너
パーマ	파-마	파마
バイオリン	바이오리ㅇ	바이올린
バイキング	바이키ㅇ구	뷔페
ハイヒール	하이히-루	하이힐
バケツ	바께츠	양동이

일본어	발음	뜻	일본어	발음	뜻
パジャマ	파쟈마	pajamas 파자마	バス	바스	bus 버스
パス	파스	pass 패스	バスケットボール	바스께ㅅ토보-루	basketball 농구
パスポート	파스포-토	passport 패스포트	パズル	파즈루	puzzle 퍼즐
バスルーム	바스루-무	bathroom 욕실	パスワード	파스와-도	password 패스워드, 비밀번호
パソコン	파소꼬ㅇ	personal computer 개인용 컴퓨터	バター	바따-	butter 버터
パチンコ	파치ㅇ꼬	파칭코	バッグ	바ㄱ구	bag 백
パトカー	파또까-	patrol car 경찰차	バナナ	바나나	banana 바나나
パパ	파빠	papa 아빠	パラダイス	파라다이스	paradise 낙원

일본어	영어	한국어
バランス (바라ㄴ스)	balance	밸런스, 균형
バレーボール (바레-보-루)	volleyball	배구
パン (파ㅇ)	pao	빵
ハンカチ (하ㅇ까치)	handkerchief	손수건
パンツ (파ㄴ츠)	pants	팬티
ハンドル (하ㄴ도루)	handle	핸들
ハンバーグ (하ㅁ바-구)	hamburg steak	함박스테이크
ピアノ (피아노)	piano	피아노
バレー (바레-)	ballet	발레
パワー (파와-)	power	파워
ハンガー (하ㅇ가-)	hanger	옷걸이
パンツ (파ㄴ츠)	pants	바지
ハンドバック (하ㄴ도바ㄱ꾸)	handbag	핸드백
ハンバーガー (하ㅁ바-가-)	hamburger	햄버거
ピアス (피아스)	pierce	귀걸이
ヒーター (히-따-)	heater	히터, 난방 장치

명사 / 형용사 / な형용사 / 동사 / 부사 / 그 외 / 외래어

일본어	뜻(영어)	발음	뜻(한국어)
ピーナッツ	peanut	피-나ㅅ츠	피너츠, 땅콩
ピーマン	piment	피-마o	피망
ビール	beer	비-루	맥주
ピクニック	picnic	피꾸니ㄱ꾸	피크닉, 소풍
ビザ	visa	비자	비자
ピザ	pizza	피자	피자
ビジネス	business	비지네스	비즈니스
ビスケット	biscuit	비스께ㅅ또	비스킷
ビタミン	vitamin	비따미o	비타민
ヒット	hit	히ㅅ또	히트
ビデオ	video	비데오	비디오
ビニール	vinyl	비니-루	비닐
ヒューズ	fuse	휴-즈	두꺼비집
ビリヤード	billiard	비리야-도	당구
ビル	building	비루	빌딩
ビルディング	building	비루디o구	빌딩

일본어	발음	영어	뜻
ピンク	피o꾸	pink	핑크색
ピンポン	피o뽀o	ping-pong	탁구, 딩동
ファイル	화이루	file	파일, 서류철
ファストフード	화스토후-도	fast food	패스트푸드
ファックス	화ㄱ끄스	fax	팩시밀리
ファッション	화ㅅ쇼o	fashion	패션
フィルム	휘루무	film	필름
ブーケ	부-께	bouquet	부케
ブーツ	부-츠	boots	부츠
プール	푸-루	pool	풀장
フォーク	훠-꾸	fork	포크
フライパン	후라이파o	frypan	프라이팬
ブラウス	부라우스	blouse	블라우스
ブラジャー	부라쟈-	brassiere	브래지어
プラチナ	푸라치나	platinum	백금
プラン	푸라ㄴ	plan	플랜, 계획

フランス	후라ㄴ스	France	프랑스
ブランド	부라ㄴ도	brand	브랜드, 상표
プリン	푸리ㅇ	pudding	푸딩
プリンター	푸리ㄴ따-	printer	프린터
ブレーキ	부레-끼	brake	브레이크
プレゼンテーション	푸레제ㄴ테-쇼ㅇ	presentation	프레젠테이션
プレゼント	푸레제ㄴ또	present	선물
プロ	푸로	professional	프로
ブローチ	부로-치	brooch	브로치
プログラム	푸로구라무	program	프로그램
プロポーズ	푸로뽀-즈	propose	프로포즈
フロント	후로ㄴ또	front	프런트
ヘアスタイル	헤아스따이루	hair style	헤어스타일
ヘアピン	헤아삐ㅇ	hairpin	머리핀
ヘアブラシ	헤아부라시	hairbrush	헤어브러시
ベーコン	베-꼬ㅇ	bacon	베이컨

일본어	발음	뜻	일본어	발음	뜻
ページ	페-지	page / 페이지	ベスト	베스또	vest / 조끼
ベストセラー	베스또세라-	best seller / 베스트셀러	ベッド	벳도	bed / 침대
ペット	펫또	pet / 애완동물	ベテラン	베떼랑	veteran / 베테랑
ベビー	베비-	baby / 베이비, 아기	ベランダ	베란다	veranda / 베란다
ベル	베루	bell / 벨	ベルト	베루또	belt / 벨트
ペン	펭	pen / 펜	ベンチ	벤치	bench / 벤치
ボイラー	보이라-	boiler / 보일러	ポーズ	포-즈	pose / 포즈
ボート	보-또	boat / 보트	ボーナス	보-나스	bonus / 보너스

ボーリング	bowling	보-리ㅇ구	볼링
ボール	ball	보-루	볼, 공
ボールペン	ball pen	보-루뻬ㅇ	볼펜
ポケット	pocket	포께ㅅ또	주머니
ポスター	poster	포스따-	포스터
ポスト	post	포스또	우체통
ボタン	botão	보따ㅇ	단추
ボックス	box	보ㄱ꾸스	박스, 상자
ホットドッグ	hot dog	호ㅅ또도ㄱ구	핫도그
ポップス	pops	포ㅂ뿌스	팝송
ホテル	hotel	호떼루	호텔
マーク	mark	마-꾸	마크, 표
マーケット	market	마-께ㅅ또	마켓, 시장
マージャン	麻雀	마-자ㄴ	마작
マイク	mike	마이꾸	마이크
マイナス	minus	마이나스	마이너스

マ

マスカラ	mascara	마스까라	마스카라
マスコミ	mass communication	마스꼬미	매스컴
マスター	master	마스따-	마스터
マッサージ	massage	맛사-지	마사지
マッチ	match	맛치	성냥
マナー	manner	마나-	매너
マニア	mania	마니아	매니아
マフラー	muffler	마후라-	머플러
ママ	mama	마마	엄마
マヨネーズ	mayonnaise	마요네-즈	마요네즈
マラソン	marathon	마라소ㅇ	마라톤
マンション	mansion	마ㄴ쇼ㅇ	아파트
ミーティング	meeting	미-띠ㅇ구	모임
ミキサー	mixer	미끼사-	믹서기
ミサイル	missile	미사이루	미사일
ミシン	sewing machine	미시ㅇ	재봉틀

일본어	뜻	일본어	뜻
ミス (미스)	mistake / 미스, 과실	ミックス (미ㄱ꾸스)	mix / 믹스, 혼합
ミディアム (미디아무)	medium / 중간 익힌 것	ミュージカル (뮤-지까루)	musical / 뮤지컬
ミルク (미루꾸)	milk / 우유	メーカー (메-까-)	maker / 제조자
メートル (메-또루)	meter / 미터	メダル (메다루)	medal / 메달
メッセージ (메ㅅ세-지)	message / 메시지	メニュー (메뉴-)	menu / 메뉴
メモ (메모)	memo / 메모	メロディー (메로디-)	melody / 멜로디
メロン (메로ㅇ)	melon / 멜론	モデル (모데루)	model / 모델
ユーターン (유-따-ㄴ)	U-turn / 유턴	ユニフォーム (유니훠-무)	uniform / 유니폼

ヤ

ヨーグルト	요-구루또	yogurt / 요구르트		ヨーロッパ	요-로ㅂ빠	Europe / 유럽
ヨガ	요가	yoga / 요가		ラーメン	라-메ㅇ	라면
ライオン	라이오ㅇ	lion / 사자		ラケット	라께ㅅ또	racket / 라켓
ラジオ	라지오	radio / 라디오		ラジカセ	라지까세	radio-cassette / 카세트라디오
ラッシュアワー	라ㅅ슈아와-	rush hour / 러시아워		ランチ	라ㄴ치	lunch / 런치
ランドセル	라ㄴ도세루	ransel / 책가방		リーダー	리-다-	leader / 리더
リズム	리즈무	rhythm / 리듬		リボン	리보ㅇ	ribbon remote / 리본
リモコン	리모꼬ㅇ	control / 리모콘		リンス	리ㄴ스	rinse / 린스

일본어	발음	영어	뜻
ルージュ	루-쥬	rouge	루즈, 립스틱
ルーム	루-무	room	룸, 방
ルビー	루비-	ruby	루비
レア	레아	rare	살짝 익힌 것
レース	레-스	race	레이스, 경주
レジ	레지	register	계산대
レシート	레시-또	receipt	영수증
レストラン	레스또라ㅇ	restaurant	레스토랑
レタス	레타스	lettuce	양상추
レッスン	레ㅅ스ㄴ	lesson	연습, 수업
レポート	레뽀-또	report	레포트
レモン	레모ㅇ	lemon	레몬
レンズ	레ㄴ즈	lens	렌즈
レンタカー	레ㄴ따까-	rent-a-car	렌터카
ローション	로-쇼ㄴ	lotion	로션
ロケット	로께ㅅ또	locket	로켓

일본어	발음	영어	한국어
ロシア	로시아	Russia	러시아
ロッカー	로ㄱ까-	locker	사물함
ロビー	로비-	lobby	로비
ロボット	로보ㅅ또	robot	로봇
ワープロ	와-뿌로	word processor	워드프로세서
ワイシャツ	와이샤츠	white shirts	와이셔츠
ワイフ	와이후	wife	와이프, 아내
ワイン	와이ㅇ	wine	와인
ワルツ	와루츠	waltz	왈츠
ワンピース	와ㄴ삐-스	one-piece	원피스
ワンルーム	와ㄴ루-무	one-room	원룸

악센트 2개 이상 허용단어

アイスコーヒー	アイスコーヒー
ice coffee	ice coffee
アカデミー	アカデミー
academy	academy
アクセサリー	アクセサリー
accessory	accessory
アスパラガス	アスパラガス
asparagus	asparagus
あつまり	あつまり
集まり	集まり
あとかたづけ	あとかたづけ
後片付け	後片付け
アドバイス	アドバイス
advice	advice
アトリエ	アトリエ
atelier	atelier
アニメ	アニメ
animatio	animatio
あみもの	あみもの
編み物	編み物

あら	あら
感	感

あれ	あれ
感	感

アレルギー	アレルギー
Allergie	Allergie

アンケート	アンケート
enquete	enquete

いきぬく	いきぬく
生き抜く	生き抜く

いきのこる	いきのこる
生き残る	生き残る

いきもの	いきもの
生き物	生き物

いくらか	いくらか

いじわる	いじわる
意地悪	意地悪

いたるところ	いたるところ
至る所	至る所

イデオロギー Ideologie	**イデオロギー** Ideologie
いわゆる	**いわゆる**
インタビュー interview	**インタビュー** interview
ウイスキー whiskey	**ウイスキー** whiskey
ウインドー window	**ウインドー** window
ウェーター waiter	**ウェーター** waiter
うきよえ 浮世絵	**うきよえ** 浮世絵
うけとる 受け取る	**うけとる** 受け取る
うたがわしい 疑わしい	**うたがわしい** 疑わしい
うったえる 訴える	**うったえる** 訴える

うつむく	うつむく
俯く	俯く
うでぐみ	うでぐみ
腕組み	腕組み
うなずく	うなずく
うぬぼれる	うぬぼれる
己惚れる	己惚れる
うろたえる	うろたえる
狼狽える	狼狽える
えいが	えいが
映画	映画
えきまえ	えきまえ
駅前	駅前
エネルギー	エネルギー
energy	energy
エピソード	エピソード
episode	episode
おいしい	おいしい

オーダー	オーダー
order	order
おちいる	おちいる
陥る	陥る
かいさつぐち	かいさつぐち
改札口	改札口
かきまぜる	かきまぜる
掻き交ぜる	掻き交ぜる
かぎり	かぎり
限り	限り
かぜぐすり	かぜぐすり
風邪薬	風邪薬
かっこく	かっこく
各国	各国
かねもうけ	かねもうけ
金儲け	金儲け
がめん	がめん
画面	画面
ガレージ	ガレージ
garage	garage

かんがえる 考える	**かんがえる** 考える
かんづめ 缶詰	**かんづめ** 缶詰
カンニング cunning	**カンニング** cunning
きがえる 着替える	**きがえる** 着替える
きがかり 気掛かり	**きがかり** 気掛かり
きたアメリカ 北アメリカ	**きたアメリカ** 北アメリカ
きっさてん 喫茶店	**きっさてん** 喫茶店
きのどく 気の毒	**きのどく** 気の毒
きまずい 気まずい	**きまずい** 気まずい
きみわるい 気味悪い	**きみわるい** 気味悪い

きむずかしい	きむずかしい
気難しい	気難しい
キャビネット	キャビネット
cabinet	cabinet
キャラクター	キャラクター
character	character
ぎょうじ	ぎょうじ
行事	行事
きんじる	きんじる
禁じる	禁じる
くじびき	くじびき
籤引き	籤引き
くだものや	くだものや
果物屋	果物屋
くちごたえ	くちごたえ
口答え	口答え
くちぶえ	くちぶえ
口笛	口笛
くま	くま
熊	熊

クラシック classic	クラシック classic
クリニック clinic	クリニック clinic
くわえる 加える	くわえる 加える
けいゆ 経由	けいゆ 経由
げしゃ 下車	げしゃ 下車
けだるい 気だるい	けだるい 気だるい
こうけつあつ 高血圧	こうけつあつ 高血圧
こうさてん 交差点	こうさてん 交差点
こうねつひ 光熱費	こうねつひ 光熱費
こたえる 答える	こたえる 答える

こだち	こだち
木立	木立
こらえる	こらえる
堪え	堪え
こわがり	こわがり
怖がり	怖がり
コンタクト	コンタクト
contact	contact
こんにゃく	こんにゃく
蒟蒻	蒟蒻
さきごろ	さきごろ
先頃	先頃
さしあげる	さしあげる
差し上げる	差し上げる
さまざま	さまざま
様々	様々
さようなら	さようなら
さらいげつ	さらいげつ
再来月	再来月

しかくい	しかくい
四角い	四角い
したう	したう
慕う	慕う
したうち	したうち
舌打ち	舌打ち
したしらべ	したしらべ
下調べ	下調べ
じてんしゃ	じてんしゃ
自転車	自転車
じどうしゃ	じどうしゃ
自動車	自動車
しめす	しめす
示す	示す
ジャケット	ジャケット
jacket	jacket
じゅうてん	じゅうてん
重点	重点
しゅっぱつち	しゅっぱつち
出発地	出発地

しゅりょく	しゅりょく
主力	主力
しょうがくせい	しょうがくせい
小学生	小学生
しょくパン	しょくパン
食パン	食パン
しょくよく	しょくよく
食欲	食欲
しょとく	しょとく
所得	所得
しりもち	しりもち
尻餅	尻餅
すききらい	すききらい
好き嫌い	好き嫌い
スケジュール	スケジュール
schedule	schedule
すし	すし
寿司	寿司
スパイ	スパイ
spy	spy

スリッパ	スリッパ
slippers	slippers
すれちがう	すれちがう
擦れ違う	擦れ違う
ぜいたく	ぜいたく
贅沢	贅沢
せんぬき	せんぬき
栓抜き	栓抜き
そうべつかい	そうべつかい
送別会	送別会
ぞくぞく	ぞくぞく
続々	続々
そなえる	そなえる
備える	備える
たいいくかん	たいいくかん
体育館	体育館
ダイビング	ダイビング
diving	diving
ダイヤ	ダイヤ
dia	dia

たいりょう	たいりょう
大量	大量
たかさ	たかさ
高さ	高さ
たからもの	たからもの
宝物	宝物
たちあがる	たちあがる
立ち上がる	立ち上がる
たちば	たちば
立場	立場
たてもの	たてもの
建物	建物
たべもの	たべもの
食べ物	食べ物
たんじょう	たんじょう
誕生	誕生
ちかよる	ちかよる
近寄る	近寄る
ちゅうこ	ちゅうこ
中古	中古

ちょうなん 長男	ちょうなん 長男
ちょうほうけい 長方形	ちょうほうけい 長方形
ちりとり ちり取り	ちりとり ちり取り
つく 付く	つく 付く
つくづく	つくづく
つやつや	つやつや
ていけつあつ 低血圧	ていけつあつ 低血圧
でんしゃ 電車	でんしゃ 電車
とくい 得意	とくい 得意
としより 年寄り	としより 年寄り

ととのえる 整える	ととのえる 整える
どのくらい	どのくらい
ともに 共に	ともに 共に
とらえる 捕らえる	とらえる 捕らえる
とりあえず 取り敢えず	とりあえず 取り敢えず
とりあつかう 取り扱う	とりあつかう 取り扱う
とりつける 取り付ける	とりつける 取り付ける
とりのぞく 取り除く	とりのぞく 取り除く
ないめん 内面	ないめん 内面
なにも 何も	なにも 何も

なまはんか 生半可	**なまはんか** 生半可
のみこむ 飲み込む	**のみこむ** 飲み込む
のりかえる 乗り換える	**のりかえる** 乗り換える
のりこえる 乗り越える	**のりこえる** 乗り越える
パート part	**パート** part
パイプ pipe	**パイプ** pipe
はくぶつかん 博物館	**はくぶつかん** 博物館
はなたば 花束	**はなたば** 花束
はみがきこ 歯磨き粉	**はみがきこ** 歯磨き粉
ばめん 場面	**ばめん** 場面

ハンカチ handkerchief	ハンカチ handkerchief
はんめん 反面	はんめん 反面
ひげそり 髭剃り	ひげそり 髭剃り
ひやかし 冷やかし	ひやかし 冷やかし
ひらがな 平仮名	ひらがな 平仮名
ふとさ 太さ	ふとさ 太さ
ふりがな 振り仮名	ふりがな 振り仮名
ヘアピン hairpin	ヘアピン hairpin
ベージュ beige	ベージュ beige
ヘッドホン headphone	ヘッドホン headphone

ほうち	ほうち
放置	放置
ボール	ボール
ball	ball
ポケット	ポケット
pocket	pocket
ボタン	ボタン
botao	botao
ほっと	ほっと
マーガリン	マーガリン
margarine	margarine
まいばん	まいばん
毎晩	毎晩
また	また
又	又
または	または
まないた	まないた
まな板	まな板

みえっぱり 見栄っ張り	**みえっぱり** 見栄っ張り
みずぎ 水着	**みずぎ** 水着
みせつける 見せつける	**みせつける** 見せつける
みなおす 見直す	**みなおす** 見直す
みなれる 見慣れる	**みなれる** 見慣れる
みな 皆	**みな** 皆
むずかしい 難しい	**むずかしい** 難しい
むせきにん 無責任	**むせきにん** 無責任
むなしい 空しい	**むなしい** 空しい
メーカー maker	**メーカー** maker

めしあがる 召し上がる	**めしあがる** 召し上がる
もうしこむ 申し込む	**もうしこむ** 申し込む
もてなす 持て成す	**もてなす** 持て成す
ものしり 物知り	**ものしり** 物知り
ものたりない 物足りない	**ものたりない** 物足りない
やくわり 役割	**やくわり** 役割
ユニフォーム uniform	**ユニフォーム** uniform
ようてん 要点	**ようてん** 要点
ラケット racket	**ラケット** racket
りはつてん 理髪店	**りはつてん** 理髪店

りょうほう 両方	りょうほう 両方
レコード record	レコード record
レポート report	レポート report
れんぎょう 	れんぎょう
レントゲン Rontgen	レントゲン Rontgen
ろうひ 浪費	ろうひ 浪費
ロケット locket	ロケット locket
ロボット robot	ロボット robot
わたしたち 私たち	わたしたち 私たち
わりばし 割り箸	わりばし 割り箸